电子商务实验教学的理论与实践研究

杨 沁 著

哈尔滨出版社
HARBIN PUBLISHING HOUSE

图书在版编目（CIP）数据

电子商务实验教学的理论与实践研究 / 杨沁著. --
哈尔滨 : 哈尔滨出版社, 2024.1
ISBN 978-7-5484-7708-2

Ⅰ. ①电… Ⅱ. ①杨… Ⅲ. ①电子商务－实验－教学
研究－高等学校 Ⅳ. ①F713.36

中国国家版本馆CIP数据核字(2024)第039441号

书　　名：**电子商务实验教学的理论与实践研究**
DIANZI SHANGWU SHIYAN JIAOXUE DE LILUN YU SHIJIAN YANJIU

作　　者：杨 沁 著
责任编辑：韩金华
封面设计：蓝博设计

出版发行：哈尔滨出版社（Harbin Publishing House）
社　　址：哈尔滨市香坊区泰山路82-9号　　邮编：150090
经　　销：全国新华书店
印　　刷：武汉鑫佳捷印务有限公司
网　　址：www.hrbcbs.com
E-mail：hrbcbs@yeah.net
编辑版权热线：（0451）87900271　87900272
销售热线：（0451）87900201　87900203

开　　本：787mm×1092mm　1/16　印张：10　字数：220千字
版　　次：2024年1月第1版
印　　次：2024年1月第1次印刷
书　　号：ISBN 978-7-5484-7708-2
定　　价：68.00元

凡购本社图书发现印装错误，请与本社印制部联系调换。
服务热线：（0451）87900279

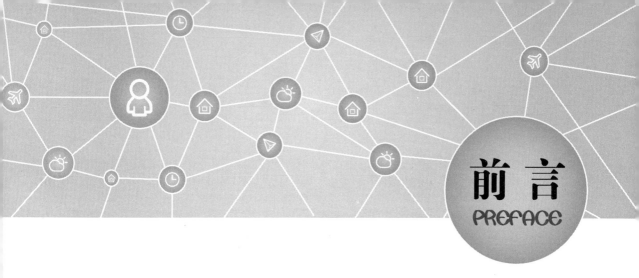

　　在当今的数字化时代，电子商务的蓬勃发展正深刻地改变着商业和社会的面貌。随着电子商务行业的迅速崛起，培养适应这一发展的人才成为当务之急。电子商务实验教学作为培养学生实际操作技能、拓宽职业视野的有效途径，逐渐成为高校电子商务课程中不可或缺的一环。

　　本书旨在深入探讨电子商务实验教学的理论与实践，为教育工作者提供全面而系统的参考。第一章导论部分对研究的背景、动机和目的进行了阐释，为读者建立对电子商务实验教学研究的整体认识。在此基础上，第二章概述电子商务实验教学，探讨其定义、特点及在电子商务课程中的地位，为后续章节的深入讨论奠定了基础。第三章对电子商务教学理论与模型进行剖析，追溯其演变过程，并深入研究教学模型与课程设计原则的相互关系。第四章则集中探讨如何科学设计电子商务实验教学，包括课程设计与目标设定、教材选择与开发，以及实验环境与技术支持的建设。随后的第五章从电子商务的基本概念出发，展开课程内容的探讨，涉及电子商务的各个领域和实际案例分析。第六章则聚焦于教学方法与策略，包括互动式教学、团队合作、虚拟实验室等多个方面，为读者提供灵活而实用的教学指导。第七章深入研究电子商务实验教学的挑战与机遇，考查学生需求、技术难题、跨文化教学等方面的问题，并探讨未来趋势与发展机遇。最后一章对电子商务实验课程评估进行全面阐述，包括教学评估的意义与目标、学生绩效评估方法及教师教学绩效的评估。

　　通过这本书的研究与呈现，我们期望为广大电子商务教育工作者提供实用的指导，推动电子商务实验教学的不断创新与发展，以培养更多适应未来商业需求的高素质人才。

Contents 目录

第一章　导论

第一节　研究背景与动机

一、电子商务发展背景

（一）全球电子商务的蓬勃发展

1. 信息技术的飞速发展

随着信息技术的迅猛发展，电子商务在全球范围内迎来了蓬勃的发展时期。互联网的广泛应用和移动技术的飞速进步为电子商务的繁荣提供了有力支持。

首先，互联网的高速普及成为电子商务快速发展的关键推动力。全球范围内的互联网覆盖使得消费者可以轻松访问各种商品和服务，为商家创造了无限的市场空间。这种高度普及的互联网环境为电子商务的推广提供了广泛的基础，使得商家能够直接面向全球市场，打破了地域限制。

其次，数字技术的不断演进为电子商务的发展提供了坚实的技术基础。随着电子支付、电子合同等技术的不断创新，电子商务交易变得更加便捷和高效。安全、高速、可追溯的数字技术，尤其是区块链技术的应用，使得电子商务在信息传递、支付流程等方面得到了显著的优化，大大提高了交易的安全性和可靠性。

同时，移动技术的飞速进步也在很大程度上推动了电子商务的普及。智能手机的广泛普及使得消费者可以随时随地进行购物、支付等操作，这种便利性极大地促进了电子商务的用户体验，提升了用户的购物积极性。移动技术的发展还催生了更多与电子商务相关的应用和服务，如基于位置的推送服务、移动支付等，为电子商务提供了更多创新和发展的可能性。

总的来说，信息技术的飞速发展为电子商务的兴起和繁荣提供了关键的支持。互联网的普及、数字技术的不断演进及移动技术的飞速进步共同构成了电子商务蓬勃发展的技术基石。这一技术背景不仅丰富了电子商务的形式和内容，也为消费者提供了更为便捷和多元化的购物体验。在这一背景下，电子商务市场不断壮大，为全球商业和经济的发展注入了新的动力。

2. 互联网的普及与全球市场的无缝连接

互联网的广泛普及为电子商务带来了全新的发展格局，实现了全球市场的无缝连接，推动着电子商务的全球化发展。互联网的无处不在使得消费者不再受到地理位置的限制，可以在任何时间、任何地点通过互联网进行购物。这种便捷的购物体验不仅提高了用户的满意度，也拓宽了商家的销售渠道。从而，全球各地的消费者都能够享受到来自其他国家或地区的商品和服务，实现了购物的全球化。

同时，企业也因互联网的无缝连接实现了全球范围内的商品销售。传统的地理限制逐渐被打破，企业可以借助互联网平台在全球范围内推广和销售产品。这种全球化的销售模式不仅为企业提供了更广阔的市场，也促使了企业对全球市场的深入了解和适应。企业能够更灵活地应对不同国家和地区的消费习惯、法规要求等，从而更好地满足全球范围内多元化的市场需求。

互联网的普及还促进了跨境电子商务的兴起，加速了不同国家、文化之间的交流与合作。通过电子商务平台，各国企业能够更容易地拓展国际业务，消费者也能够方便地购买到来自其他国家的特色商品。这种全球范围内的无缝连接推动了全球经济的融合，形成了更加紧密的国际商业关系。

总的来说，互联网的普及与全球市场的无缝连接催生了电子商务的全球化浪潮。这种全球化发展不仅使得消费者享受到更为便捷和多样化的购物体验，也为企业提供了更广阔的市场机遇。在这一全球互联的时代，电子商务的发展不再受到地域的限制，而是更加注重全球市场的共同繁荣。

3.移动技术的崛起

移动技术的飞速崛起成为电子商务发展的一大助推器。随着智能手机的广泛普及，消费者的购物行为得以彻底改变，为电子商务行业注入了新的活力。

首先，智能手机的普及使得消费者能够在任何时间、任何地点都能轻松地进行购物。这种便携式设备的使用使得传统的购物模式被颠覆，不再受到时间和空间的限制，用户可以在公交车上、咖啡馆里甚至在家中的沙发上进行购物，从而极大地提高了购物的便利性。

其次，移动支付技术的崛起也加速了电子商务的发展。通过在智能手机上安装相应的支付应用，用户可以快速、便捷地完成交易，不再受制于传统的线下支付方式。这种高效的支付方式不仅提高了用户的支付体验，同时也为电子商务平台提供了更多的付款选择，促使用户更愿意在移动设备上进行线上购物。

另外，智能手机的多功能性也为电子商务的创新提供了更多可能。各种基于移动技术的应用，如基于位置的服务、个性化推荐等，使用户能够更加个性化地享受购物体验。通过智能手机，电子商务平台能够更精准地了解用户的需求，提供更符合用户口味的商品和服务，从而提高用户的满意度和忠诚度。

移动技术的崛起极大地拓展了电子商务的边界。通过智能手机，用户体验到了更便捷、更个性化的购物方式，推动了电子商务行业的快速发展。移动技术的不断创新将继续为电子商务注入新的动力，助力其在数字时代持续繁荣。这种移动技术与电子商务的融合，既为商家提供了更广阔的市场，也为消费者带来了更为便利的购物体验，共同促进了电子商务行业的可持续发展。

（二）数字经济转型的推动力

1. 电子商务作为数字经济核心组成部分

电子商务作为数字经济的核心组成部分，正引领着传统产业向数字化和智能化的深刻转变。这一趋势不仅仅是商业模式的简单变革，更是对企业运营方式、服务理念及与消费者互动方式的根本性重构。

首先，电子商务作为数字经济的核心组成部分，驱动了传统产业的数字化转型。通过引入先进的信息技术，企业得以建立数字化的经营模式，实现生产、流通、销售等各个环节的数字化管理。这种数字化的转型不仅提高了企业的运营效率，还使得企业更加灵活应对市场变化，实现产业链的优化和升级。

其次，数字经济的崛起使得企业服务方式发生了根本性的变革。传统的面对面服务逐渐被数字化服务所取代，消费者可以通过电子商务平台获得更加便捷、个性化的服务体验。从在线购物到智能客服，数字经济为企业提供了更多创新的服务模式，提高了服务的质量和效率，满足了消费者不断增长的个性化需求。

最重要的是，电子商务的兴起改变了企业与消费者之间的互动方式。通过数字平台，企业能够更加直接、实时地与消费者进行互动，了解其需求，获取反馈，从而更好地调整产品和服务。这种互动模式的建立促使了企业更加关注用户体验，提升了产品和服务的质量，形成了更紧密的企业与消费者之间的关系。

电子商务作为数字经济的核心组成部分正在推动着传统产业向数字化、智能化的深刻变革。这一数字经济的崛起不仅仅是技术的进步，更是企业经营理念的全面更新。通过数字化的手段，企业在生产、服务、互动等方面实现了创新和升级，为推动全球经济的数字化转型注入了新的活力。随着数字经济的不断发展，电子商务将继续在推动产业变革、服务创新和用户互动方面发挥至关重要的作用。

2. 传统产业向数字化转型的需求

随着全球数字经济的迅猛发展，传统产业正面临着迫切的需要，必须加速转型以适应数字化的浪潮。在这个数字经济的时代，传统产业必须顺应科技创新的步伐，借助现代数字化工具，重塑自身的业务模式和经营理念。而在这一数字化转型的过程中，电子商务作为数字经济的重要组成部分，被视为传统产业成功转型的关键驱动力之一。

首先，数字经济的发展使得市场竞争更加激烈，传统产业为了在全球化的竞争中立于不败之地，需要通过数字化手段提升竞争力。电子商务作为数字经济的前沿代表，为传统产业提供了实现全球化经营的新途径。通过建立在线销售渠道、数字化供应链管理等方式，传统产业能够更高效地推广产品，降低运营成本，实现全球范围内的市场开拓。

其次，数字化的趋势推动了消费者行为的变革，传统产业需要适应新型消费习惯。消费者更倾向于通过数字平台进行购物、娱乐和交流，传统产业必须利用电子商务等数字化工具，以满足消费者对个性化、便捷、快速服务的需求。通过建立在线商城、推行电子支付等方式，传统产业能够更好地满足数字时代消费者的购物体验期望，提高顾客满意度。

另外，数字化转型对于传统产业的管理方式和业务流程提出了更高的要求。电子商务作为数字经济的一环，通过大数据分析、人工智能等技术手段，帮助传统产业更好地了解市场趋势、优化供应链、提高生产效率。这种数字化的管理方式能够帮助传统产业更灵活地应对市场的动态变化，提高企业的创新能力和反应速度。

传统产业转型数字化是必然的趋势，而电子商务作为数字经济的关键驱动力，为传统产业提供了转型的工具和路径。通过积极采用数字技术，传统产业能够实现更高效的运营和更灵活的市场拓展，顺应数字经济的浪潮，迎接全球化竞争的挑战。数字化转型不仅是传统产业的迫切需求，更是实现可持续发展的关键路径。

3. 政府对数字化经济的支持

在全球数字经济蓬勃发展的大背景下，各国政府纷纷认识到数字经济的重要性，并采取了积极的支持措施，推动数字经济的持续发展。这一趋势体现在政府对数字经济的全面支持的力度上，其中电子商务作为数字经济的代表，尤其受到了政府的大力支持，为其蓬勃发展提供了坚实基础。

首先，各国政府通过制定相关政策，为数字经济的发展创造了良好的法律环境。这些政策包括但不限于鼓励创新、保障数字化产业权益、规范数字化市场秩序等。通过建立健全的法规框架，政府为数字化经济提供了可靠的法律基础，促使数字化产业更加规范、有序地发展。

其次，政府通过提供资金支持，加速了数字经济的研发和应用。各级政府纷纷设立数字化经济发展基金，向数字化产业提供创新和发展的经费支持。这种资金的注入不仅帮助企业加速技术创新，也提高了数字经济的整体竞争力。特别是电子商务作为数字经济的代表之一，在这一政府资金支持下，得以更好地推动技术升级、拓展市场。

另外，政府还通过构建数字经济的推广平台，促进数字技术的应用和推广。通过建设数字化产业园区、设立创新创业基地等举措，政府为数字化企业提供了更多的发展机会。这种推广平台的建立不仅为数字经济提供了更广阔的发展空间，也加强了数字化产业之间的交流合作，共同推动数字经济的协同发展。

总体而言，政府对数字经济的积极支持是推动数字经济蓬勃发展的关键因素之一。通过制定政策、提供资金、建设推广平台等多方面手段，政府为数字经济的健康发展提供了全方位的支持。在这一大力支持下，电子商务等数字化产业得以迅速崛起，成为数字经济中的亮点，为全球经济带来新的增长动力。

4. 电子商务作为全球经济的引擎

电子商务的迅速崛起不仅使其成为全球经济的引擎，更为经济体系注入了新的活力。这种数字化的商业模式在全球范围内的广泛应用，不仅提高了经济效率，也为全球经济的稳健增长注入了新的动能。

首先，电子商务通过数字化的方式打破了传统商业的地理局限，使得商品和服务能够迅速跨越国界，实现全球化的市场拓展。在线商务平台为企业提供了一个全球性的市场，使得企业能够更加直接地接触到全球各地的消费者，而消费者也能够更为便捷地获得来自全球的商品和服务。这种无国界的商业模式促使了全球贸易的繁荣，为不同国家和地区的企业提供了更广阔的发展空间。

其次，电子商务的快速发展创造了大量的就业机会，成为全球就业市场的重要推动力。电子商务涵盖了从平台开发、物流管理到在线客服等多个领域，为各行各业提供了丰富的就业机会。特别是在全球疫情的背景下，电子商务平台的兴起成为许多失业人群重新找到工作的途径，为经济体系注入了新的动力。

另外，电子商务的数字化特性带来了经济效益的提升。通过大数据分析、人工智能等技术手段，电子商务平台能够更好地了解消费者需求，进行个性化推荐，提高购物体验的质量。这种数字化的经营模式不仅提高了企业的运营效率，还为企业提供了更为精准的市场定位，帮助其更好地适应市场的需求变化，推动了经济的创新和升级。

总体来说，电子商务作为全球经济的引擎，通过数字化的商业模式、全球市场的开拓和大量的就业机会创造，为全球经济带来了独特的贡献。其持续发展不仅为企业提供了更广阔的发展空间，也为全球经济的可持续增长提供了有力支持。随着科技的不断进步，电子商务有望在全球经济中继续发挥引擎的作用，推动数字时代经济的蓬勃发展。

二、教育与技术融合的需求

信息时代的来临给传统教育带来了深刻的挑战，迫切需要教育与技术的融合，以适应社会的发展变化。电子商务作为现代商业的代表，其实验教学的融合在教育中的应用不仅能够满足学生个性化的学习需求，还能更好地培养学生的实际操作能力和综合素养。

（一）信息时代教育变革的迫切性

1. 社会发展变化

在信息时代，科技的快速发展导致社会结构、职业需求等方面发生了巨大的变化。传统教育往往无法跟上这一变革的步伐，因此，教育迫切需要进行变革以适应未来社会的需求。

2. 个性化学习的要求

信息时代注重个性化，每个学生具有不同的学习方式和兴趣。传统的一刀切的教学方法已经无法满足这一需求，需要借助技术手段实现个性化学习，使每名学生能够更好地发挥自己的优势。

3. 跨界融合的趋势

信息时代的教育不再是单一学科知识的传授，更强调跨学科的融合。这种融合能够培养学生更全面、综合的素养，使其更好地适应未来的职业发展。

（二）技术融合在教育中的应用

1. 先进技术助力个性化学习

借助先进的技术，如人工智能和大数据分析，教育可以更精准地了解学生的学习需求，为其提供个性化的学习内容和进度。这种个性化学习不仅提高了学生的学习兴趣，还促进了其全面发展。

2.电子商务实验教学的技术应用

电子商务实验教学作为技术与教育的结合点，通过虚拟实验室、模拟仿真等技术手段，使学生能够在真实的商务环境中进行实践。这种实践型的教学模式有助于培养学生的实际操作能力，使其更好地适应未来职业的挑战。

3.在线资源拓展学科边界

通过互联网和在线教育平台，教育可以打破传统学科的边界，让学生能够更全面地获取知识。电子商务作为一个涉及多个学科的领域，其实验教学可以通过在线资源扩展学科内容，使学生能够更好地理解和应用相关知识。

信息时代的教育与技术的融合已经成为不可逆转的趋势。借助电子商务实验教学这一技术与商业融合的案例，教育可以更好地适应社会的发展，培养更具实际操作能力和创新精神的人才。这种融合模式不仅符合信息时代的教育需求，也为学生提供了更广阔的学习空间，使其更好地迎接未来的挑战。

第二节　研究目的与问题陈述

一、研究目标设定

（一）深入分析电子商务实验教学的关键要素

1.课程设计的重要性

电子商务实验课程设计是整个教学体系的基石。首先，要明确课程的整体目标，包括学科知识、实际操作技能等方面的培养目标。其次，需要设计合理的课程结构，确保内容的有机衔接，使学生能够系统地学习电子商务的理论和实践。

针对电子商务实验教学，课程设计应该充分融入最新的行业趋势和技术发展，使学生能够紧跟行业的步伐。通过与电子商务从业者的合作，设计实际案例，引导学生理解并解决真实业务中的问题，提高实践能力。

2.教材选择的策略

电子商务实验教学的教材选择应该具备权威性和实用性。选择包含最新研究成果和案例的教材，能够让学生了解行业发展的前沿知识，并能够应用于实际操作。

应该注重多样性，包括文字资料、多媒体资料、案例分析等形式，以满足不同学生的学习风格。同时，鼓励学生主动探索和获取信息，培养他们的自主学习能力。

3.实验环境与技术支持的保障

实验环境的设计要符合电子商务实际应用的场景，确保学生在实验中能够模拟真实的商务操作过程。要充分考虑硬件、软件和网络等方面的因素，保障实验环境的稳定性和先进性。

提供良好的技术支持，包括实验指导、技术培训等。学生在实验过程中可能会面临技术难题，有一定的技术支持可以帮助他们更好地完成实验任务，提高学习效果。

（二）探索电子商务实验教学对学生综合素养的影响

1. 创新能力的培养

电子商务实验教学注重培养学生的创新能力。通过开展创业模拟、项目驱动的学习等，激发学生的创新思维，使其能够在实际商务场景中提出创新性的解决方案。

通过实践中的问题解决过程，培养学生的问题分析和解决问题的能力，使他们具备在实际工作中迎接挑战的能力。

2. 团队协作能力的锻炼

电子商务实验教学通常以项目为主导，鼓励学生组成团队协作完成任务。这种实践模式能够锻炼学生的团队协作、沟通和领导能力。通过参与实际案例分析和商业模拟，学生能够深入理解团队协作的重要性，培养在团队中有效工作的技能。

3. 综合素养的全面提升

电子商务实验教学不仅关注专业知识的传授，还注重培养学生的综合素养。通过实际操作，学生能够在处理商务问题时综合运用各种知识和技能，提高自身的综合素养水平。

通过实践活动中的自主学习和团队协作，学生能够培养自主思考和团队协作的意识，全面提升自己的综合素养。

二、研究中的关键问题

（一）电子商务实验教学的有效性问题

1. 实际操作能力的提升

（1）评估学生在实际操作中的表现

对学生在电子商务实验中的具体操作进行评估，包括系统使用、数据分析、解决问题的能力等。这有助于了解实验教学对学生实际操作能力的提升效果。

（2）比较实验组与对照组的差异

设立实验组和对照组，对比两组学生在实际操作能力方面的差异。通过统计学方法，评估实验组是否在实际操作能力上有显著提升。

2. 职业素养的培养

（1）跟踪学生职业发展情况

建立追踪体系，关注参与电子商务实验教学的学生的职业发展轨迹。通过对其职业路径、晋升情况等的调查，评估实验教学对职业素养的长期影响。

（2）与企业合作开展评估

与电子商务领域的企业合作，邀请企业专业人士对参与实验教学的学生进行评估。借助企业反馈，更全面地了解学生在职业素养方面的表现。

3. 改进建议

（1）优化实验设计

根据评估结果，优化实验设计，确保实验场景更贴近实际商务操作，提高学生在实验中的参与度和体验感。

（2）强化实践与理论结合

加强实际操作与理论知识的融合，确保学生在实践中能够运用所学的理论知识，促进知识的深入理解。

（二）技术与教育融合的挑战与应对

1.技术更新换代的速度

（1）定期更新课程内容

由于技术的快速发展，课程内容容易过时。需要建立定期更新的机制，及时更新电子商务实验教学的内容，以确保学生接触到最新的技术和行业动态。

（2）提供在线学习资源

建设在线学习平台，提供与课程相关的在线资源，使学生能够随时随地获取最新的技术信息，增强其自主学习的能力。

2.技术应用的差异

（1）差异化教学

因学生的技术水平存在差异，需要采用差异化的教学策略。为技术水平较低的学生提供额外的技术培训，确保每位学生能够充分参与到实验教学中。

（2）定期培训教师

教师作为技术与教育的桥梁，需要定期接受相关技术培训，以适应技术的更新与发展，提高其在实验教学中的指导水平。

3.学生技术焦虑与挫败感

（1）心理辅导与支持

针对学生可能存在的技术焦虑与挫败感，建立心理辅导机制，提供及时的心理支持，鼓励学生积极面对挑战。

（2）鼓励自主学习

培养学生的自主学习意识，鼓励其通过多种途径获取技术知识，减轻对课堂教学的依赖，增强其在实践中的自主解决问题的能力。

第三节　研究方法与数据来源

一、研究设计

（一）案例研究法的运用

1.选择案例的标准

在选择电子商务实验教学案例时，我们将依据两项关键标准，以确保研究的全面性和代表性。

首先，我们将注重选取的多样性，从不同地区和不同类型的高校中挑选案例，以全面了解电子商务实验教学的多样现状。这样的多样性包括地理位置、高校规模、教学水平等多个方面，确保覆盖不同背景条件下的教学实践。通过对这些多样案例的研究，我们能够获取更全局性的了解，发现不同地区、不同类型高校在电子商务实验教学上的共性和差异。

其次，我们将特别挑选代表性案例，即在电子商务实验教学方面取得显著成就的高校。这些高校可能在教学模式、课程设计、实验环境等方面有着卓越的表现，具备可借鉴的成功经验。通过深入分析这些代表性案例，我们可以挖掘其成功的关键因素，为其他高校提供具体、可行的参考和借鉴建议。这种代表性案例的选择有助于提炼出通用的最佳实践，为整个电子商务实验教学领域的进步提供启示。

总体而言，我们的案例选择将追求全面性和代表性的平衡，以确保研究能够深入、全面地了解电子商务实验教学的现状，并为各类高校提供有针对性的改进建议。这一方法将有助于推动电子商务实验教学水平的提升和创新。

2.案例研究的具体步骤

案例研究是一项系统性的研究工作，通过以下具体步骤，我们能够深入了解各高校电子商务实验教学的细节，并为构建综合性的教学模型提供实质性的支持。

首先，我们将进行案例收集。这一阶段的关键任务是广泛搜集各高校的电子商务实验教学案例，涵盖教学设计、教材选择、实验环境等方面的翔实内容。通过在不同地区和不同类型高校中进行案例搜集，我们能够确保案例的多样性，从而全面了解电子商务实验教学的现状。

其次，我们将进行案例分析。对每个收集到的案例，我们将进行深入分析，重点关注教学模式、教学成果和可能存在的问题。这一过程需要仔细研读教学大纲、教学计划、学生反馈及相关文件，以确保我们对每个案例的了解深入、全面。案例分析将有助于我们挖掘成功的经验和教训，为后续的比较提供翔实的依据。

最后，我们将进行优劣势的比较。通过对不同案例中的优势和不足进行比较分析，我们能够找出其各自的特点和经验。这有助于我们识别出通用的最佳实践，为构建综合性的电子商务实验教学模型提供经验支持。这种比较分析的目的是从多个案例中提炼出共性，为电子商务实验教学领域的进步提供有针对性的建议。

案例研究的具体步骤包括案例收集、案例分析和优劣势比较。这一研究过程将深入剖析各高校的电子商务实验教学案例，从而为教学模型的构建提供丰富的实证支持。

3.构建电子商务实验教学模型

通过深入的案例研究，我们将总结不同高校电子商务实验教学案例中的共性经验，旨在找到成功的共同因素。这一总结是基于对各案例的深入分析，包括教学模式、教学成果、存在的问题等多个方面。我们将关注那些在不同案例中反复出现且与成功教学密切相关的经验。

在总结了共性经验的基础上，我们将构建电子商务实验教学模型的框架。这个框架将明确核心要素和关键环节，涵盖课程设计、教材选择、实验环境等多个方面。我们将确保这个框架是全面而系统的，能够为高校的电子商务实验教学提供指导。在框架的构建中，我们将尤其强调教学模式的创新、实际操作能力的培养及学生参与互动的重要性。

最后，我们将进行模型的验证与完善。通过将构建的模型应用于其他高校，我们将验证其适用性和实用性。同时，我们将倾听来自教师和学生的反馈，收集实践经验，不断优化和完善模型框架。这一过程是一个循环的反馈与改进过程，旨在确保模型能够持续适应不断变化的教学环境和需求。

总体而言，通过总结共性经验、构建模型框架、验证与完善的过程，我们将建立一个具有实际指导价值的电子商务实验教学模型。这个模型将为不同高校提供可行的教学方案，促进电子商务实验教学水平的提升和创新。

（二）问卷调查与实地观察

1.问卷设计

在进行问卷设计时，我们将明确问卷对象，分别聚焦学生、教师及企业从业者，以确保收集到的数据涵盖各参与方的体验和需求。

首先，我们将设计学生问卷，以了解他们在电子商务实验教学中的感受和反馈。学生问卷将包括对课程的整体满意度、对教学方式的评价、实践操作的难度等方面的问题。通过这一部分的设计，我们可以深入了解学生对电子商务实验教学的认知和期望，为教学质量提供有力的参考。

其次，我们将设计教师问卷，关注教师对电子商务实验教学的看法和经验。教师问卷将涉及课程设计的满意度、教材使用的效果、实验环境的改进建议等问题。通过教师问卷的设计，我们可以获取到教师对教学过程的直观感受，有助于发现问题并提出改进建议。

最后，我们将设计企业从业者问卷，以了解他们对电子商务实验教学培养学生的看法。企业从业者问卷将包括对学生实际操作能力的评价、对培养目标的认可程度等问题。通过这一环节的设计，我们可以收集到实际用人单位对电子商务实验教学培养效果的直接反馈，有助于调整教学目标和方向。

通过对象明确和问题设计的巧妙组合，我们将得到一份全面而有针对性的问卷，从而为电子商务实验教学的改进提供充分的数据支持。这一问卷设计不仅关注各参与方的体验，也有助于形成更为全面的研究结论。

2.实地观察

实地观察是为了深入了解电子商务实验教学情况而采取的重要研究手段。在选择观察点时，我们将挑选代表性的高校，以确保观察结果具有广泛的适用性。在观察过程中，我们将特别关注教学环境、学生互动及实验设备使用情况等方面。

首先，我们将选择代表性高校进行实地观察。这些高校可能在电子商务实验教学方面有着显著的成就，或者存在一些独特的教学模式和经验。通过选择代表性高校，我们能够获取到更有价值的观察数据，这些数据将有助于深刻理解电子商务实验教学的实际情况。

在实地观察的过程中，我们将全面关注教学环境。这包括教室设施、实验室布局等，以确保学生能够在良好的环境中进行学习。同时，我们将密切关注学生之间的互动情况，了解是否存在合作学习、团队项目等实践活动。这有助于评估教学模式的有效性及学生参与的程度。

此外，我们将详细记录实验设备的使用情况。这涉及设备的数量、性能、是否得到充分利用等方面。通过对实验设备的观察，我们能够了解到实际操作环节的具体情况，为进一步改进教学提供具体的建议。

最终，我们将把实地观察的结果与问卷调查的数据进行对比分析。这一多角度的研究方法将有助于我们深入了解电子商务实验教学的全貌，为提高教学质量提供更为全面和实证的依据。通过记录问题和亮点，我们将为未来的改进提供有力的指导。

3. 数据整合与分析

数据整合与分析是研究的关键步骤，通过有序的整理和对比分析，我们能够深入洞察电子商务实验教学的多个方面。

首先，我们将对问卷数据进行整合。通过对学生、教师和企业从业者问卷的答案进行整理和统计，我们将形成可分析的数据集。这将包括诸如学生的满意度评价、教师的教学反馈、企业从业者对学生培养的评价等多个方面的数据。整合后的数据集将为我们提供一个全面的视角，以理解各参与方在电子商务实验教学中的感受和需求。

其次，我们将进行案例研究与问卷调查数据的对比分析。将不同高校的案例研究数据与问卷调查结果进行对比，找出共性和差异，从而为深入研究提供基础。这一对比分析能够帮助我们验证问卷调查结果的可靠性，并更好地理解实地案例的具体情况。通过对比分析，我们能够识别出在不同环境下的教学模式的优势和劣势，为更广泛的教学实践提供经验教训。

整合后的数据将为研究提供丰富的材料，使我们能够更加全面、深入地了解电子商务实验教学的现状和问题。这种数据的综合分析将为研究提供有力的支持，使得研究结论更为可靠和具有实证价值。

二、数据收集与分析方法

（一）定量数据的统计分析

1. 数据收集

为了收集关于电子商务实验教学的有效数据，我们将以问卷调查作为主要的数据收集工具。

首先，我们将设计一份包含封闭式问题的问卷。这份问卷将涵盖多个方面，主要关注学生对电子商务实验教学的满意度和学习成效等方面的评价。问题的设计将细致入微，以确保能够全面了解学生对实验教学的感受和看法。封闭式问题的设计有助于简化数据整理和统计的过程，同时提供定量的评估指标，使得对学生观点的量化分析更为便捷。

其次，我们将进行样本选择。为了确保样本的代表性，我们将采用随机抽样的方法，从不同高校、年级和专业中选取学生作为问卷调查的样本。这种多样性的样本选择有助于获取更全面、真实的反馈，同时确保所得数据具有一定的普适性。通过覆盖不同学校和专业，我们能够更好地理解不同背景下学生对电子商务实验教学的感受和评价。

整体而言，问卷设计的巧妙和样本选择的代表性将为我们提供有力的数据基础，使得我们对电子商务实验教学效果的评估更为全面和准确。这一数据收集方法将为研究提供量化的分析依据，使得我们对电子商务实验教学的理解更为科学和具体。

2. 数据分析步骤

数据分析是研究的关键步骤，通过系统的统计和比较，我们可以深入了解问卷调查中收集到的信息。以下是数据分析的主要步骤：

首先，进行数据清理。在这一步骤中，我们将仔细审查所有收集到的问卷数据，排除可能存在的无效或重复数据，以确保最终的分析结果具有高质量和准确性。通过数据清理，我们能够建立一个可靠的数据集，为后续的分析奠定基础。

其次，进行描述性统计分析。采用均值、标准差等统计指标，对问卷中的各项问题进行描述性统计。这一分析方法有助于了解整体趋势和分布情况，揭示学生对电子商务实验教学的整体感受。描述性统计分析能够为研究提供直观的数据概览，使研究者能够更全面地理解问卷调查结果。

最后，进行差异性分析。采用 t 检验、方差分析等方法，分析不同样本间在电子商务实验教学评价上的差异，并探讨可能的影响因素。通过差异性分析，我们能够识别出不同群体之间的显著性差异，深入了解不同背景和条件下学生对电子商务实验教学的评价是否存在显著性差异。

这一系列的数据分析步骤将为研究提供深刻的洞察，使得我们对电子商务实验教学效果的评估更加准确和全面。通过清晰的分析过程，研究者可以得出结论，并提出建议以改善电子商务实验教学的质量。

3. 结果解读与讨论

结果解读与讨论是研究中至关重要的一环，它能够为研究者提供对电子商务实验教学效果的深刻理解和具体指导。

首先，通过对统计分析结果的解读，我们能够对学生在电子商务实验教学中的整体表现进行评估。通过计算均值、标准差等统计指标，我们可以了解学生对实验教学的满意度和学习成效的整体趋势。这有助于揭示电子商务实验教学的总体效果，为评估教学质量提供依据。

其次，我们将深入分析教学模式的评价。通过统计结果，我们可以找出影响学生评价的关键因素，进一步对比不同教学模式之间的差异。这样的分析有助于挖掘最佳实践，即在哪些方面和条件下学生对电子商务实验教学的评价更为积极。这种深度的教学模式评价不仅为提升电子商务实验教学质量提供了启示，也为未来的教学改进提供了有益的参考。

综合而言，结果解读与讨论的目的是使研究者能够深刻理解电子商务实验教学的现状，从中发现问题、总结经验，并提出具体的改进建议。这一过程是研究的收官之作，为研究者和教育实践者提供了对电子商务实验教学更深入理解的机会，有助于不断提升教学质量和学生体验。

（二）定性数据的内容分析

1. 数据收集

为了获取更加全面和深入的数据，我们将采用多元化的数据收集方法，包括实地观察记录和深度访谈。

首先，通过实地观察记录，我们将走访不同高校，仔细观察电子商务实验教学的实际情况。在实地观察中，我们将关注教学环境的布置，学生之间的互动情况，以及实验设备的使用情况等方面。这种直接观察能够提供客观的、具体的实验教学场景，使我们更好地了解教学过程中可能存在的问题和优点。

其次，我们将进行深度访谈，与教师和学生展开沟通。通过深度访谈，我们将获得他们对电子商务实验教学的主观感受和看法。教师的观点有助于我们了解教学设计的意图和实际执行情况，而学生的反馈则可以揭示他们对实验教学的期望、挑战和建议。深度访谈能够为研究提供更加丰富和个性化的信息，使我们能够更全面地理解电子商务实验教学的多层次特征。

通过综合实地观察记录和深度访谈的数据，我们将能够深入挖掘电子商务实验教学的内在机制和实际运作情况。这样的综合数据收集方法将为我们提供全景式的了解，为后续的数据分析和结果解读提供坚实的基础。

2. 数据分析步骤

在数据分析的过程中，我们将采取系统性的步骤，以确保从实地观察和深度访谈中获得的大量文字材料得以被充分挖掘和理解。

首先，我们将进行数据整理，将实地观察和深度访谈中收集到的文字材料进行整理，并建立一个数据库。这有助于对数据进行有效管理和组织，确保后续的分析工作能够有序进行。其次，我们将采用主题编码法对文字材料进行主题编码。通过这一步骤，我们将文本数据划分为不同的主题，以便更好地理解其中的关键问题和重要观点。主题编码有助于归纳和整合数据，使得我们能够深入挖掘实地观察和深度访谈所反映的教学情境和参与者的观点。这种系统的主题编码方法将确保我们能够全面理解数据，并找出其中的关键信息。

通过数据整理和主题编码的有机结合，我们将能够建立一个有深度和广度的数据分析基础。这为后续的结果解读和研究结论的形成提供了可靠的支持，使我们能够对电子商务实验教学的实际情况和参与者的反馈有更为深刻的理解。这样的数据分析过程将有助于为研究提供具体、可操作的建议，并为电子商务实验教学的优化提供实质性的指导。

3. 结果解读与讨论

在对实地观察和深度访谈所得数据进行结果解读和讨论时，我们将采用深层次问题分析和多角度观点综合的方法，以获取更全面、深刻的研究结论。

首先，通过内容分析，我们将深入挖掘电子商务实验教学中存在的深层次问题。这可能涉及教学资源不足、师资力量问题、实验环境不理想等方面。通过深度的问题分析，我们将能够揭示出导致问题的根本原因，为后续的改进提供有针对性的建议。这一步将使我们更全面地理解实地观察和深度访谈中反映出的电子商务实验教学的实际情况。

其次，我们将实地观察和深度访谈的结果与定量数据相结合，形成更为全面的研究结论。通过综合不同数据源的观点，我们将得以多角度地理解电子商务实验教学的现状和问题。这种多维度的观点综合将使我们能够更好地理解教学现象的复杂性，并提供更具实践意义的建议。这也将有助于构建全面的研究结论，使我们的研究具有更高的说服力和可操作性。

通过深层次问题分析和多角度观点综合，我们将为电子商务实验教学提供有深度、有广度的研究结论，为改进实验教学提供具体、可行的建议。这样的结果解读和讨论将使我们的研究更具实际应用价值，为电子商务实验教学的优化提供有力支持。

第二章　电子商务实验教学概述

第一节　电子商务实验教学的定义与特点

一、实验教学的概念

（一）实验教学的内涵

1.实验教学的基本概念

实验教学是一种基于实际动手操作、通过实践探究事物规律并获取知识的教学方法。这一方法强调学生在课程中的积极参与，通过实际操作建构知识，提高问题解决的能力。实验教学不仅仅是一种传授知识的手段，更是一种培养学生实际动手能力和科学研究思维方式的教学手段。

2.学生实际操作的重要性

实验教学的核心在于学生的实际动手操作。通过亲身经历，学生能够更深刻地理解课程内容，使抽象的理论知识在实践中得到具体体现。这种亲身参与的学习方式有助于学生更主动地探索、发现问题，并培养解决问题的能力。

3.知识建构与问题解决能力的培养

实验教学的目标之一是培养学生的知识建构能力。通过实际操作，学生能够在实践中将抽象的理论知识转化为具体的实际经验，加深对知识的印象。同时，实验教学也旨在提高学生的问题解决能力，使其具备面对实际挑战的能力，培养科学研究的思维方式。

（二）实验教学的目的

1.促进对理论知识的深刻理解

实验教学的首要目的是通过实践活动促进学生对理论知识的深刻理解。通过亲身实践，学生能够将抽象的理论内容具体化，形成对知识的更为深入和全面的认知。

2.培养独立思考和问题解决的能力

实验教学旨在培养学生独立思考和问题解决的能力。在实践中，学生需要面对各种挑战和问题，通过思考和实际操作找到解决方案，从而培养出对实际问题的独立思考和解决能力。

（三）实验教学的分类

1.物理实验、化学实验、生物实验等多个领域

实验教学根据学科领域的不同，可分为物理实验、化学实验、生物实验等多个领域。

每个领域的实验教学都以学科特性为基础，通过实际操作让学生更好地理解和应用相关知识。

2.电子商务领域的实验教学

在电子商务领域，实验教学更侧重于模拟商业环境，培养学生在实践中应对商业问题的能力。这可能包括模拟电子商务平台的操作、商业策划的实践等，旨在使学生在真实的商业环境中获得实际经验。

（四）实验教学的意义

1.实践中的理论应用

实验教学通过实践活动，使学生能够将学到的理论知识应用于实际问题中，达到理论与实践相结合的目标。

2.培养实际动手能力

学生在实验中亲自动手，培养了实际操作的能力，使他们能够更好地适应未来职业生涯的实际工作需求。

3.提高问题解决效能

通过面对实际挑战，学生在实验中培养了解决问题的能力，增强了实际问题解决的效能。

4.促进团队协作与沟通

实验教学中的团队合作要素，培养了学生的团队协作与沟通技能，为未来的职业发展奠定了基础。

二、电子商务实验的特点

（一）复杂性与真实性

首先，电子商务实验的复杂性与真实性体现在其对真实商业环境的高度模拟。在这一特点下，实验通过构建虚拟商业场景，将学生置身于一个模拟真实业务操作的环境中。这不仅包括了电子商务平台的操作，还涉及商业交易、市场波动及数据分析等多方面任务。通过这样的设定，学生能够在实验中感受到真实商业环境的复杂性，提高了其对实际业务运作的理解。

其次，实验的目标之一是提高学生应对复杂情境的能力。在模拟真实商业环境的背景下，学生需要面对各种商业决策，涵盖了产品定价、供应链管理、市场推广等方面的问题。这种综合性的决策要求学生在短时间内迅速作出并确保准确，这培养了他们在真实场景中解决复杂情境的能力。通过实践中的问题解决，学生逐渐形成了对商业运作全局的把握，为未来的职业生涯奠定了坚实的基础。

再次，实验的复杂性不仅仅在于模拟真实商业环境，还在于其任务的多样性。学生可能需要同时处理多项任务，例如在同一时间内进行市场调研、分析销售数据、优化供应链等。这种多任务的同时进行增强了学生在高压环境下协调各项任务的能力，培养了其多任务处理的技能，为其未来在商业领域的复杂环境中工作提供了实际经验。

最后，实验的真实性也表现在其对商业环境中不确定性因素的考虑。商业环境随时可能受到市场波动、竞争态势变化等因素的影响，学生需要适应这种不确定性。这使得实验更接近真实商业环境，学生在处理不确定性中培养了灵活应对的能力，提高了其在变化环境下的适应性和应变能力。

（二）技术导向性

首先，电子商务实验在技术导向性方面的特征表现为其密切结合信息技术。实验要求学生全面掌握电子商务平台、系统操作等与信息技术相关的要素。这种紧密结合不仅使学生能够理论上了解电子商务系统的构建，更通过实际操作深化了他们对技术的理解。这样的设计旨在确保学生在实际应用中能够灵活运用各种信息技术，适应电子商务领域的技术需求。

其次，实验注重培养学生技术应用与问题解决的能力。学生不仅仅是被动接受技术知识，更强调将所学技术应用于实际问题解决的能力。在实验中，学生可能需要利用技术工具完成数据分析、系统优化、安全管理等任务。通过这些实际操作，他们能够逐步培养出将技术知识转化为实际解决方案的能力，为未来在电子商务行业中更具竞争力打下基础。

再次，实验的技术导向性体现在对现代技术的熟练应用上。学生在实验中接触到的不仅仅是理论层面的技术知识，还有具体的实践应用。这有助于培养学生对电子商务领域的技术趋势的敏感性，使他们能够更好地适应技术的不断发展和演变。通过掌握现代技术，学生在未来的职业生涯中将更具前瞻性和创新性。

最后，技术导向性的实验设计使学生在电子商务领域的职业发展更具竞争力。通过实践中的技术操作，学生不仅能够熟练掌握当前主流技术，还能够培养面对未知技术挑战时的解决问题的能力。这样的培养不仅满足了电子商务行业对技术人才的需求，也使学生在职业发展中更容易适应和引领技术的发展方向。

电子商务实验在技术导向性方面通过密切结合信息技术、培养技术应用与解决问题的能力，以及熟练应用现代技术等方面的设计，为学生提供了一个全面深入的技术学习平台。这有助于学生更好地适应电子商务领域的技术需求，提高其在职业生涯中的竞争力。

（三）跨学科性

1. 涉及多学科知识

电子商务实验涉及计算机、网络技术、现代工商管理、商场营销等多门学科，融技术和商务于一体，其理论性和实践性都很强。众所周知，实验教学是理论教学的补充。它既可以验证理论观点，也可以强化学生学习和运用理论知识，尤其是综合性和设计性实验更能锻炼学生的创新思维，既能使学生在实验中发现问题、提出问题，也能使学生在实验中提高分析问题和解决问题的能力。做好实验教学的前提是科学定位人才培养目标，目标既是方向，也是目的。

目前，国家教育主管部门和高校电子商务专业的人才培养目标还没有准确定位，根据社会不同领域不同行业的需要和多所高校组织教学的实际情况进行综合，其人才培养目标应是：能够适应经济社会发展的需要，满足知识经济时代的要求，学会并应用经济管理等相关知识，掌握并使用计算机和网络技术，通过网络信息来从事商务活动的人才。

2. 促进学科融合与综合应用

首先，电子商务实验通过促进学科融合与综合应用，使学生在实践中能够将商业管理的战略思维与信息技术的实际应用相结合，形成综合的解决方案。在商业管理方面，学生需要理解商业运作的战略与策略，了解市场趋势、竞争态势及客户需求。同时，在信息技术方面，学生需要熟悉电子商务平台的构建、系统操作及数据分析技术。这种学科融合的设计使得学生不再仅仅是单一学科的学习者，而是能够在不同学科领域中游刃有余，形成全面的知识结构。

其次，实验的目标是促使学生在实际情境中灵活应用所学的各学科知识。在电子商务实验中，学生不仅要理解商业管理和信息技术的理论框架，更需要能够在真实的商业场景中运用这些知识，提出切实可行的解决方案。例如，学生可能需要制订一个全面的市场推广计划，同时考虑到技术系统的实施和运作。这样的综合性任务使得学生在实际应用中能够更好地理解学科之间的关联，培养了他们在未来跨学科工作中的能力。

再次，学科融合与综合应用的实验设计有助于提高学生的问题解决能力。在电子商务领域，问题往往不是单一学科所能涵盖的，而是需要多学科知识的综合运用。学生通过实验中的任务，不仅要解决技术层面的问题，还需要考虑商业策略、市场营销等多方面的因素。这样的综合性问题培养了学生的系统思维，使他们能够更全面地看待和解决实际业务中的复杂问题。

最后，通过实践中的学科融合与综合应用，学生不仅仅学习了各学科的知识，更形成了解决实际问题的综合能力。这种能力不仅在电子商务领域有用，也为学生未来在其他领域的跨学科工作提供了坚实的基础。因此，电子商务实验的学科融合与综合应用设计，为学生提供了一个更贴近实际、更具有挑战性的学习环境，有助于他们全面发展并应对未来复杂多变的商业挑战。

（四）团队合作

1. 以项目为单位进行合作

电子商务实验特色之一是以项目为单位进行合作。这种设计不仅仅是为了完成某项任务，更是为了促进学生在团队中的协作能力。学生被要求组成团队，共同参与实验项目，这要求他们能够有效地与团队成员合作、协调工作，从而达到共同的目标。这样的合作方式旨在培养学生在真实商业环境中所需的团队协同工作能力。

在项目合作中，学生将面临各种挑战，包括任务分工、沟通协调、时间管理等方面的问题。这模拟了真实商业环境中的复杂协同工作情景，使学生能够更好地适应未来职业生涯中可能遇到的团队合作挑战。在电子商务领域，团队协作是实现商业目标、推动项目成功的关键因素之一，因此通过实验中的团队项目合作，学生得以提升这一重要技能。

此外，以项目为单位进行合作也有助于学生在实践中将理论知识转化为实际行动。通过参与项目，学生不仅能够应用他们在课堂上学到的理论知识，还能够在团队中交流、分享和汇集各自的经验与见解。这种实践操作不仅有助于加深学生对理论的理解，还能够培养学生在实际商业环境中灵活运用知识解决问题的能力。

以项目为单位进行合作的实验设计不仅仅是任务的执行，更是为学生提供了一个全面培养团队协作能力、实践理论知识的学习平台。这种合作方式有助于锻炼学生在真实商业环境中所需的团队合作技能，为他们未来在职业生涯中的成功打下坚实基础。

2.培养团队协作和沟通技能

电子商务实验以培养团队协作和沟通技能为目标，通过实际项目的合作，学生得以在团队中有效沟通和协作，共同解决实际问题。这一实践过程旨在为学生提供一个模拟商业环境的学习平台，以培养他们在未来职业生涯中与团队协作的能力，提高工作效率。

在实验的团队合作中，学生需要面对各种挑战，包括但不限于任务分工、意见协商、时间管理等方面的问题。通过这些挑战，学生逐渐学会如何在团队中建立有效的沟通机制，协调不同成员的工作，达成共识。这种实际操作不仅加强了团队成员之间的相互理解，也提高了他们解决实际问题的协作能力。

团队协作不仅仅是为了完成特定任务，更是为了培养学生在职场上更好地适应团队工作的要求。在真实商业环境中，团队合作是推动项目成功、实现商业目标的必要条件。通过实验中的团队协作，学生能够更好地理解和应对未来工作中可能遇到的复杂团队协作挑战，使其在职场中更具竞争力。

此外，通过团队协作的实践，学生还能够提高工作效率。团队中的有效沟通和协作意味着任务能够被更加迅速、高效地完成。学生在实验中通过共同努力解决问题，培养了高效工作的习惯，为他们将来进入职业生涯时的团队工作提供了宝贵的经验。

综合而言，电子商务实验通过培养团队协作和沟通技能，不仅为学生提供了一个团队协作的实践平台，更是为他们未来在职场中取得成功打下了基础。这种实验设计使学生在实际应用中培养了重要的职业技能，使其更好地适应未来复杂多变的商业环境。

（五）创新性与实践性

1.注重培养创新思维

电子商务实验的独特之处在于其强调培养学生的创新思维。实验教学设计旨在激发学生对问题的独特见解，并鼓励他们在解决实际问题时提出创新性的解决方案。这一注重创新思维的理念旨在培养学生在面对未知情境时能够迅速、灵活地提出独特且具有前瞻性的解决方案。

在实验中，学生需要在模拟的商业环境中面对各种挑战，这些挑战可能无法通过传统的解决方法迎刃而解。通过注重创新思维，实验教学激发了学生寻找新颖、创造性解决方案的动力。这种实践过程不仅帮助学生超越传统思维的束缚，还使其更有可能在未来职业生涯中对复杂问题做出创新性的回应。

创新思维的培养也强调了学生对实际问题的深度思考和理论知识的灵活应用。在电子商务领域，技术、市场、商业模式等方面的变化日新月异，这需要具备创新思维的人才更能适应这一环境。实验教学通过真实场景的模拟，激发学生对问题的新颖观点，使其在未来职业中更具竞争力。

总体而言，电子商务实验注重培养创新思维，旨在培养学生在面对未知情境时能够提出独特、富有创意的解决方案。这种培养不仅有助于学生在实际业务中更好地应对变化和挑战，还为其未来的创业与创新提供了坚实的思维基础。

2.实践性强调理论与实际操作的结合

电子商务实验的设计强调了理论知识与实际操作的有机结合，旨在使学生在实验中不仅仅学到抽象的理论知识，更注重将这些知识应用到实际操作中。这种实践型的教学理念不仅强化了学生在真实商业环境中的实际操作能力，还使他们所学的知识更具实践性和可操作性。

在实验中，学生被导向参与模拟的商业活动，通过实际操作来应用在课堂上学到的理论知识。这样的设计使学生能够亲身体验理论知识在实际商业场景中的运用，从而更加深入地理解这些知识。与仅停留在理论层面不同，实际操作的经验让学生更好地理解知识的实际应用，为其未来的职业生涯提供了更为丰富的实践基础。

通过强调理论与实际操作的结合，实验教学使学生能够更加全面地应对复杂的商业问题。学生在实验中不仅需要理解商业理论，还需要运用这些理论来制定解决方案、参与决策过程。这种全面的实践性教学有助于培养学生在真实商业环境中灵活运用知识解决问题的能力。

实践型教学的另一个重要优势在于其强化了学生的可操作性。通过实际操作，学生在解决问题的过程中逐渐掌握了实用的技能，这些技能可以直接应用于他们未来的职业生涯。这种实用性的培养使学生更具备在实际工作中立即付诸实践的能力，为他们的职业发展提供了实质性的支持。

总体而言，电子商务实验通过强调理论与实际操作的结合，使学生能够在实践中不断提升理论知识的实际运用能力，为他们未来在商业领域中的成功奠定了坚实的基础。

第二节　实验教学在电子商务课程中的重要性

一、实践操作与理论知识的融合

（一）实验教学的核心作用

1.理论知识的实际运用

（1）实验教学引导学生理论知识的应用

实验教学在电子商务课程中扮演着核心的角色，其首要职能在于将学生在理论学习中获得的知识转化为实际操作能力。电子商务领域要求学生不仅要了解相关理论，更需要能够将这些理论知识灵活运用于实际的业务场景。通过实验教学，学生得以在模拟的商业环境中进行实际操作，从而更深刻、更全面地理解电子商务的运作机制。

（2）实际案例分析与理论联系的强调

在实验教学中，特别注重实际案例的分析，通过将理论知识与实际案例相结合，帮助学生理解理论在具体情境中的应用。学生通过参与实际项目和模拟交易等活动，能够更好地应用相关的理论知识，将抽象的概念转化为实际操作的能力。这种理论知识的实际运用是实验教学核心作用的关键体现。

2.模拟商业环境的重要性

（1）商业环境模拟对实践经验的贡献

在实验教学中，模拟商业环境是其核心要素之一。这种模拟使学生能够在相对真实的情境中进行实际操作，更好地理解理论知识在实践中的应用。通过参与实际项目和模拟交易等活动，学生可以直观地感受到商业运作的全貌，这对于他们未来职业发展具有积极的促进作用。

（2）实际操作与商业实践的结合

实验教学通过模拟商业环境，使学生能够直接参与实际的业务操作，从而更好地理解电子商务的运作机制。学生在模拟中学到的实际经验，能够为其未来在真实商业环境中的工作提供有力支持。模拟商业环境的实际性贡献于学生对商业操作的全面认知，为其职业能力的提升奠定坚实基础。

（二）实验教学的教学手段

1.实际操作的突出地位

（1）实验教学在电子商务中的突出地位

实验教学在电子商务课程中以实际操作作为主要教学手段，强调学生的亲身经历。在电子商务领域，理论知识的直接运用离不开实际操作的支持。因此，实验教学通过直接参与模拟电子商务平台、虚拟交易系统等实际运作，使学生更深刻地理解电子商务的关键概念、技术和运营流程。

（2）实际操作的理论支持

实际操作不仅仅是为了熟练掌握相关技术，更是为了使学生能够在实际业务中迅速适应和解决问题。通过实际操作，学生可以将电子商务的理论知识转化为实际应用的能力。实验教学强调实际操作的重要性，旨在培养学生在未来职业生涯中灵活应对实际问题的能力，使其更具竞争力。

2.动手操作的实质

（1）实验教学对学生实际动手能力的培养

实验教学的本质在于培养学生的实际动手能力和科学研究的思维方式。在电子商务领域，动手操作不仅仅是为了熟练掌握相关技术，更是为了使学生能够在实际业务中迅速适应和解决问题。通过实际操作，学生可以将电子商务的理论知识转化为实际应用的能力，使其更具竞争力。

（2）实际案例操作的意义

实验教学通过实际案例的操作，使学生能够更深层次地理解理论知识。学生通过动手操作，不仅能够掌握具体的技术和操作步骤，更能够理解这些操作背后的原理和逻辑。这种实质性的动手操作培养了学生在实际应用中解决问题的实际能力。

3.模拟商业场景的实践意义

（1）实验教学中模拟商业场景的实践意义

实验教学通过模拟商业场景，使学生能够在相对真实的环境中进行实践操作。这种模拟不仅包括电子商务平台的搭建与运营，还包括虚拟交易系统的参与。学生通过在这些实际场景中的操作，能够更直观地理解电子商务的商业运作，培养解决实际问题的能力。

（2）商业场景模拟对学生综合素养的提升

商业场景的模拟使学生能够在真实的商业环境中实践，从而提升综合素养。学生在这样的实践中需要考虑的不仅仅是技术层面的问题，还需综合考虑商业运营、市场需求等因素。这样的综合性操作有助于学生更好地理解电子商务的全貌，培养解决实际问题的全面素养。

（三）实验教学的知识巩固与拓展

1.知识巩固的关键作用

实验教学在电子商务课程中通过知识巩固与拓展起到关键的作用。理论知识在实际操作中的运用，使学生能够更深刻地理解相关概念。通过实际操作，学生可以更直观地感受到理论知识的应用，加深对相关概念的理解，提高学习效果。实验教学通过理论知识在实际操作中的应用，帮助学生加深对于电子商务领域复杂理论的印象，提升其对知识的深度理解。

2.知识拓展的多样途径

实验教学还有助于学生拓展知识边界。在电子商务领域，由于技术和市场的不断变化，学生需要具备不断学习和适应新知识的能力。通过实验教学，学生能够在模拟场景中更好地理解知识的实际应用，发现知识的新领域，从而提高他们在未来面对新挑战时的应变能力。

3.问题解决能力的培养

实验教学通过学生参与实际项目和模拟交易等活动，培养了他们解决实际问题的能力。电子商务作为一个复杂而多变的领域，学生在实际运作中不可避免地会遇到各种问题。实验教学提供了一个相对安全的环境，让学生在实践中发现问题、分析问题，并寻找解决方案的能力得以锻炼和提高。

二、职业能力培养的关键角色

（一）实验教学与职业能力培养的紧密关联

1.实验教学的职业导向

实验教学在电子商务课程中扮演着至关重要的职业导向角色。电子商务行业对从业者的期望不仅限于丰富的理论知识，更注重实际操作和解决问题的能力。实验教学通过所创造的真实商业环境模拟，着眼于培养学生的实际操作技能、团队协作精神和创新思维。这些素养被认为是电子商务专业从业者必备的职业素养，实验教学通过提供实际动手的机会，将抽象的理论知识转化为具体实用的技能，为学生的职业生涯打下坚实而可靠的基础。在这个过程中，学生不仅仅获得了理论知识的理解，更通过实际操作锻炼了在职场中所需的实际能力，使他们更加适应未来电子商务领域的职业挑战。实验教学在培养学生职业素养方面发挥了至关重要的作用，为他们成功进入并蓬勃发展于电子商务行业奠定了坚实的基础。

2. 实际操作与职业技能的结合

实验教学的关键之一在于凸显实际操作对职业能力培养的不可或缺性，尤其在电子商务领域。学生在这个领域需要不仅对相关理论有深刻理解，更要能够在实际业务场景中巧妙应用这些理论知识，解决复杂的业务问题。实验教学通过模拟真实的电子商务平台、虚拟交易系统等实际运作，为学生提供了一个贴近实际的实践平台。在这个过程中，学生能够更深入地理解电子商务中的关键概念、技术要点及运营流程，从而培养其在职场中灵活应对问题的职业能力。

实验教学所提供的实际操作经验不仅仅是理论知识的延伸，更是为学生搭建了一个贴近真实商业环境的实践舞台。学生通过参与实际项目、模拟交易等实验活动，不仅加深了对知识的印象，更是为将来的职业生涯积累了宝贵的实际经验。这样的实际操作不仅培养了学生的实际动手能力，也增强了其在职业生涯中解决问题、应对挑战的能力。在电子商务这个实际应用广泛的领域，实验教学通过实际操作与理论知识的结合，为学生提供了更为全面的职业技能培养，为他们未来的职业发展打下了坚实的基础。

（二）实验教学与综合能力的提升

1. 实验教学注重综合素养的培养

实验教学在电子商务课程中强调的不仅是专业知识的传递，更是学生综合素养的培养。在实际操作的过程中，学生不仅需要运用所学专业知识解决具体问题，还必须具备团队协作、沟通能力及创新意识等综合素养。实验教学通过模拟真实的商业场景，致力于培养学生多方面的素养，以使他们在职场中成功应对各种挑战。

实验教学的核心在于将理论知识与实际操作相结合，使学生能够在模拟的商业环境中灵活运用所学知识，同时培养他们在团队中协作的能力。在电子商务领域，团队合作是成功的关键，因为业务涉及多个方面，需要不同专业背景和技能的团队成员协同工作。实验教学通过这样的实践培训，旨在让学生真实地体验团队合作的重要性，并培养他们在协作中的沟通和协调技能。

此外，创新意识也是实验教学注重培养的综合素养之一。电子商务领域不断发展，创新是推动行业进步的动力。实验教学通过让学生参与模拟项目、解决实际问题，激发他们的创新意识，培养他们在未来职业生涯中主动适应变化、不断创新的能力。因此，实验教学的目标不仅仅是传授知识，更在于培养学生全面发展的综合素养，使他们在职场中具备更强的竞争力。

2. 实践操作与团队协作的结合

实验教学通过强调实际操作，特别注重培养学生在电子商务领域的团队协作能力。在当今电子商务行业中，项目的成功往往依赖于团队协作，因为业务涉及多个方面，需要来自不同专业和技能背景的团队成员协同工作。实验教学通过设计团队项目、模拟交易等实际操作活动，旨在培养学生在团队中高效沟通和协同工作的能力，为他们未来职业生涯的发展奠定坚实基础。

在实验教学的框架下，学生通过参与真实的项目模拟，需要在团队中共同制订计划、分配任务、协同推进项目的不同阶段。这样的实际操作不仅使学生熟悉了电子商务业务的具体操作，更锻炼了他们的团队协作技能。团队协作的培养不仅仅是在课堂中进行理论讲解，更是通过实际操作中的挑战和合作来促进学生的团队意识和协同能力的提升。

实验教学的目标是通过实际操作，使学生真实地体验在团队中合作的重要性。这种实践中的团队协作不仅有助于学生更好地理解业务流程，还培养了他们在复杂多变的商业环境中灵活应对问题的能力。因此，实验教学不仅仅是为了传授相关知识，更注重在实际操作中培养学生的团队协作精神，为他们未来的职业生涯提供全面支持。

（三）实验教学的模拟训练

实验教学通过模拟训练，尤其是电子商务的模拟大赛等形式，为学生提供了在实践中解决问题、制定策略的独特机会。这种实际场景的模拟训练不仅是对理论知识应用水平的检验，更是对学生在复杂商业环境下迅速反应和决策能力的有力培养。

1. 理论知识与实际运用的融合

在电子商务课程中，模拟训练充当着理论知识与实际应用之间的桥梁，为学生提供了将抽象理论付诸实践的平台。电子商务作为一个涵盖多个商业运作方面的复杂领域，需要学生能够灵活运用各种理论知识解决实际问题。模拟训练，尤其是电子商务的模拟大赛，为学生提供了参与实际项目、面对真实挑战的机会。

通过参与模拟大赛，学生直接面对电子商务领域中的各种复杂问题，如市场营销策略、供应链管理优化、风险控制等。这种实际应用的过程使学生能够更全面地理解这些商业运作方面的关键问题。模拟训练的环境不仅能够加深学生对理论知识的印象，还培养了学生在真实商业场景中迅速反应和解决问题的能力。

在这样的模拟环境中，学生需要将所学的理论知识有机地运用到具体的商业场景中。这不仅要求他们具备扎实的专业知识，还需要灵活运用这些知识进行创新性解决问题。模拟训练激发了学生的实践动手能力，使他们在理论与实际之间建立起有机的联系。这样的桥梁作用有助于学生更好地理解和应用所学的理论知识，为他们在未来的电子商务职业生涯中做好充分准备。

2. 复杂商业环境下的应变能力

模拟训练在模拟真实商业环境的同时，强调了学生在复杂商业环境下的应变能力。电子商务行业一直处于不断演变和发展之中，充满了各种不确定性和变化。在模拟大赛中，学生需要在短时间内迅速作出决策，适应并迎接各种复杂多变的商业挑战。

这样的实战性训练是对学生综合素质的全面考验，其中应变能力尤为重要。学生在这个过程中需要敏锐地捕捉商业环境的变化，理解各种因素对决策的影响，并迅速做出相应调整。这种实际应用的情境让学生置身于一个模拟的高压商业环境中，促使他们培养在复杂情况下冷静应对的能力。

模拟训练的设计注重真实性，使学生感受到真实商业环境中的紧迫感和变化速度。这有助于培养学生在快节奏商业环境中迅速决策的技能。通过不断面对各种挑战和模拟商业环境的复杂性，学生在这一过程中逐渐提高了在真实职场中应对复杂商业环境的能力，为未来的职业发展奠定了坚实的基础。

3.模拟训练的实际操作

（1）实战训练的形式

电子商务的模拟大赛通常包括项目模拟、市场竞争、业务流程等多个方面的实际操作。学生需要模拟管理一个虚拟企业，制定战略、应对市场竞争、解决运营问题。这种全面性的实战训练使学生能够在虚拟的商业环境中体验真实商业操作的方方面面。

（2）培养学生的团队协作与沟通技能

模拟训练常常以团队为单位，要求学生共同制定决策并推动虚拟企业的发展。这促使学生培养团队协作和沟通技能，学会有效地与团队成员合作，共同应对商业挑战。这对于电子商务领域中团队协作的要求至关重要。

通过实验教学中的模拟训练，学生不仅能够将理论知识应用于实际情境，更能够在复杂商业环境中培养实际问题解决和决策制定的能力。这种综合性的实战训练为学生未来在电子商务领域的职业发展提供了坚实的基础。

（四）实验教学的案例分析

实验教学在电子商务课程中广泛采用案例分析的方式，旨在通过真实的商业案例培养学生的分析和解决问题的能力。这种方法使学生能够直接参与实际业务场景，深入理解电子商务领域的挑战，并通过案例分析提高其商业思维和战略规划能力。

1.案例分析的重要性

（1）真实业务问题的学习

案例分析为学生提供了深入了解电子商务领域真实业务问题的机会。通过分析案例，学生能够认识到在实际业务中可能遇到的多样性问题，从而更好地准备应对未来职业中的挑战。

（2）决策对企业的影响

案例分析涉及企业在特定情境下作出的各种决策，学生通过分析这些决策及其结果，能够理解各种战略和决策对企业的长期发展和短期业绩的影响。这种学习方式培养了学生对商业决策的敏感性和判断力。

2.案例分析的实际操作

（1）案例讨论的形式

案例分析通常以小组讨论、课堂研讨等形式展开。学生在小组中分享对案例的看法，提出解决问题的方案，并与整个班级进行讨论。这种形式不仅促使学生积极参与，还培养了他们的团队协作和沟通能力。

（2）商业思维与战略规划的培养

通过案例分析，学生能够培养商业思维，学会从商业的角度看待问题。同时，通过提出解决方案，他们锻炼了战略规划的能力，学会在复杂多变的商业环境中制定合理的战略。

3.案例分析的实践意义

通过实际案例的分析，学生在解决业务问题的过程中综合运用所学知识，培养了自己的综合素养，包括技术应用、团队协作、决策制定等方面的能力。案例分析提供了一个模拟实际商业环境的机会，使学生在校园中就能够体验并应对职场中的挑战。这为他们未来职业生涯的顺利发展打下了坚实的基础。

通过实验教学中的案例分析，学生在电子商务课程中不仅能够深入了解真实业务问题，还能够培养商业思维和战略规划的能力。这种综合性的实践培训为学生更好地理解和适应未来职业生涯的挑战提供了有力支持。

第三节　实验教学与电子商务职业发展的关联

一、实践经验与职业竞争力

（一）实验教学的职业导向

1.关键职业素养的培养

实验教学在电子商务课程中扮演着不可或缺的角色，其关键职业导向作用为学生提供了更为实际和深刻的学习体验。电子商务行业对从业者的要求已经超越了仅仅掌握理论知识的层面，更注重实际操作和解决实际问题的能力。实验教学通过模拟真实商业环境，精心设计的实验活动有针对性地培养学生在实际工作中所需的关键职业素养。

其中，实际动手能力是电子商务从业者成功的基石之一。实验教学提供了一个锻炼学生实际动手操作技能的平台，使他们能够在模拟的商业场景中应用理论知识，真实地感受并掌握业务操作的方方面面。通过这种实践性的学习，学生能够更深刻地理解和掌握电子商务领域的关键概念和技术，为将来的职业生涯积累丰富的实际经验。

团队协作技能是电子商务团队成功运作的必备要素。实验教学通过组织团队项目和模拟商业竞赛等方式，培养学生在协同工作中高效沟通和合作的能力。电子商务行业往往需要多个职能部门之间紧密协作，实验教学能够锻炼学生适应团队环境、理解团队协作的重要性，并培养良好的团队合作精神。

创新思维是电子商务领域迎接挑战和推动行业发展的关键驱动力。实验教学通过引导学生参与解决真实商业问题的过程，激发他们的创造性思维。学生在模拟实验中面对的各种挑战需要灵活的思维方式，这培养了他们在未知领域中快速适应和创新解决问题的能力。

实验教学在电子商务课程中的关键职业导向作用不仅仅在于传递理论知识，更在于有目的地培养学生的实际动手能力、团队协作技能和创新思维。这种关键素养的培养为学生未来的职业发展打下了坚实的基础，使他们能够更加从容地应对电子商务行业的复杂多变的挑战。

2.实际动手能力的培养

电子商务行业的蓬勃发展对从业者提出了高水平的实际动手能力要求，而实验教学成为培养这一关键素养的有效途径。实验教学在模拟真实商业环境中为学生提供了一个独特的学习平台，使他们能够直接将在课堂中学到的理论知识应用于实际操作中。这种直接的实践经验极大地加深了学生对电子商务关键概念、技术和运营流程的理解。

通过实际操作，学生能够更加深入地探索和体验电子商务领域的方方面面。他们参与模拟交易、电子商务平台的搭建和管理等实际项目，不仅将抽象的理论转化为实际的操作技能，而且在解决实际问题的过程中，培养了解决复杂业务挑战的能力。这种实际动手能力的培养不仅提高了学生的工作效率，更使其能够更加熟练、自信地应对电子商务领域的工作要求。

此外，实验教学也激发了学生对实际业务操作的兴趣和热情。通过直接参与电子商务领域的模拟活动，学生更容易理解业务流程的复杂性，同时在解决问题的过程中逐渐形成对实际操作的自信心。这种自信心对于成功进入并脱颖而出于电子商务行业具有重要的意义。

因此，实验教学在电子商务课程中的实际动手能力培养方面，为学生提供了宝贵的机会，使他们能够更迅速地适应职业发展的要求，提高了他们在竞争激烈的职业市场中的竞争力。这种直接参与和实际操作的学习方式，为学生未来在电子商务行业的职业生涯奠定了坚实的基础。

3.团队协作和创新思维的强化

在电子商务行业，团队协作和创新思维被认为是项目成功的关键要素。实验教学通过着重培养学生在模拟商业环境中的团队协作经验和解决实际问题的创新能力，为学生在职业生涯中更好地适应团队工作的要求提供了有力支持。这一强化的教学方法通过多样的实践活动，如与同学共同参与实际项目和模拟交易等，使学生更深刻地理解和体验团队协作的重要性。

在实验教学的框架下，学生不仅仅是单独面对理论知识，更需要在团队中协作解决真实的业务问题。这种实践锻炼培养了学生的团队合作技能，使其更好地适应未来电子商务行业的职业生涯。学生通过共同努力完成实际项目，不仅学到了如何与团队成员协调工作，还培养了有效沟通、合作和决策的能力。

创新思维的培养也成为实验教学的一个重要目标。学生通过面对真实业务挑战，在团队中不断探索新的解决方案，激发了他们的创新潜力。实验教学为学生提供了一个自由的实验场，让他们能够在尝试中发现新的思路和方法，从而培养出在竞争激烈的电子商务行业中脱颖而出的创新思维。

这种团队协作和创新思维的强化教学不仅使学生在团队合作中更加游刃有余，也为他们将来在工作中面对各种挑战时提供了坚实的素养基础。通过实验教学的综合实践，学生在团队中培养了高效的合作方式，同时锤炼了在变化莫测的商业环境中灵活应对问题的能力，为未来职业发展打下了坚实的基础。

（二）实践经验的职业竞争力

1. 实践操作的丰富性

在电子商务领域，实际经验是从业者成功的关键要素。实验教学通过提供一个模拟商业环境的平台，为学生创造了丰富的实践操作机会，使他们能够积累宝贵的实际经验。这种实践操作的丰富性使学生能够更深入地理解电子商务的关键概念、技术和运营流程，为他们在职场中灵活应对问题提供了坚实的基础。

通过参与模拟电子商务平台和虚拟交易系统等实际运作，学生直接面对业务问题，通过亲身经历掌握解决问题的技能。实验教学的这种实际操作的机会培养了学生的实际动手能力，让他们不仅仅是理论上了解电子商务，更能够在实际场景中运用所学知识。

这种丰富的实践经验不仅有助于学生更好地适应电子商务行业的工作要求，也为他们的职业发展提供了竞争优势。在实验教学的框架下，学生能够通过面对真实的业务挑战，培养解决问题的能力，提高他们在职场中的竞争力。这种深度融入实际操作的教学方式有助于学生更全面地理解和掌握电子商务领域的知识和技能，为他们未来的职业道路奠定了坚实的基础。

2. 实际操作与职业能力的结合

电子商务实验教学的关键在于将理论知识与实际操作紧密结合，以促使学生更深刻地理解和应用所学的知识。通过模拟电子商务平台，学生有机会将在课堂上学到的理论知识直接应用于真实的业务场景。这种实际操作的体验不仅仅是对知识的简单运用，更是对理论在实际工作中的具体应用，从而培养学生解决实际问题的实际能力，为其未来的职业生涯增添竞争力。

在这个过程中，学生不仅理解了电子商务的关键概念、技术和运营流程，而且通过亲身参与实际操作，加深了对这些知识的理解。这种实际应用的学习方式使学生更具备在职业生涯中灵活应对问题的能力，培养了他们的实际动手能力。通过在模拟环境中解决真实业务问题，学生能够更好地适应电子商务行业的工作要求，从而在竞争激烈的职业市场中脱颖而出。

总体而言，电子商务实验教学通过将理论知识与实际操作相结合，不仅加强了学生对知识的理解，更为他们的职业能力培养提供了有力的支持。这样的教学方式为学生打下了坚实的职业基础，使他们更好地应对未来职场中的各种挑战。

3. 实验教学的深化作用

实验教学的深化作用不仅在于提供学生实际经验的积累，更在于通过深化对电子商务领域的理解，从而增强他们的职业竞争力。在模拟实际运作的过程中，学生不仅仅熟悉业务流程，更能够深入理解其中的关键因素和潜在风险点。这种深入理解的过程为学生提供了更全面、更系统的业务认知，使其在职业市场上更具竞争优势。

通过实验教学，学生能够直接参与到模拟的电子商务环境中，亲身经历和解决实际业务问题。这不仅拓展了他们的实际动手能力，还培养了他们对复杂业务环境的敏感性和应变能力。深化对电子商务的理解使学生能够更为准确地把握行业的发展趋势，更好地适应行业的变化。

这样的实际操作不仅仅是单纯的技能训练，更是对理论知识的深层次应用。学生通过在实际操作中思考、分析，培养了对电子商务行业的敏锐度和专业度。这种综合素养的提升使得学生在职场中更具备解决问题的能力，不仅知道如何应对当前的挑战，还能够为未来的发展做出有远见的决策。

因此，实验教学通过深化学生对电子商务的理解，使其在职业市场中更具备综合素养和竞争力。这样的深化作用为学生的职业发展提供了坚实的基础，使他们更好地融入并推动电子商务领域的发展。

（三）实验教学的综合性培养

1. 学科知识与问题解决的结合

实验教学在电子商务课程中强调学科知识与问题解决能力的综合培养，旨在使学生具备更全面的专业素养。在实际操作中，学生不仅需要熟练运用所学的电子商务专业知识，更需要具备分析和解决复杂问题的能力，将理论知识与实践能力相结合。

通过模拟电子商务平台、虚拟交易系统等实际运作，学生置身于真实的业务场景中，面对各种挑战，不仅需要运用学科知识解决实际业务问题，还需要在解决问题的过程中思考和分析。这种综合性的培养有助于学生形成全面而深刻的对电子商务的认知，提高他们的问题解决能力。

实验教学不仅仅是知识的传递，更注重学科知识的实际应用。学生在模拟环境中能够直接将所学知识运用于解决实际业务问题，培养了他们的实际操作能力。这种结合学科知识与问题解决的实践训练，使学生更好地理解和掌握电子商务领域的关键概念、技术和运营流程。

因此，实验教学通过将学科知识与问题解决能力有机结合，旨在培养学生在未来职业生涯中熟练应对各种复杂业务情境的能力，为他们的职业发展打下坚实基础。

2. 团队协作与沟通能力的培养

实验教学在电子商务领域强调团队协作和沟通能力的培养，因为在这个领域，团队合作是取得成功的关键。通过参与团队项目、模拟交易等实际操作，学生不仅深化了对团队协作的理解，还培养了高效沟通的能力。这种实际操作中的团队协作经验对学生未来职业生涯中的团队工作环境具有积极的影响，提高了他们的职业竞争力。

实验教学注重培养学生在团队中的角色意识和协同工作的技能。通过团队项目，学生培养了共同设定目标、分工合作、有效沟通及解决团队内部问题的能力。这不仅在实践中强化了他们的团队协作意识，同时也培养了其复杂工作环境中的沟通技巧。

高效的团队协作和沟通是电子商务行业中取得项目成功的关键要素。在模拟实际业务操作中，学生不仅学到了在紧张环境下如何与团队成员协同工作，还培养了在面对各种挑战时如何有效沟通解决问题的技能。这种实际操作中的团队协作经验使学生更好地适应未来职业生涯中的团队工作环境，提高了他们在职业市场上的竞争力。

3.创新思维与实践结合的培训

实验教学在电子商务课程中致力于培养学生的创新思维，并将其与实践相结合。电子商务行业的迅速发展要求从业者具备创新意识和解决问题的能力。通过模拟真实场景，学生参与创新型项目和实际业务问题的解决，能够培养在复杂多变的商业环境中迅速反应和创新解决问题的能力。

实验教学提供了一个开放的学习平台，鼓励学生提出新颖的理念和解决方案。通过参与创新项目，学生不仅学到了如何运用已有知识创造性地解决问题，还培养了在面对未知挑战时保持灵活性和创造性的能力。这种实践性培训不仅在学科知识上推动了学生的突破，也使他们更全面、更深层次地发展了综合素养。

综合型实践培养的核心是将创新思维贯穿于整个课程。通过解决真实业务中的问题，学生将创新思维应用到实际操作中，培养了他们在商业环境中迅速反应和创新解决问题的敏感性。这种综合性培养使学生不仅在特定领域有所突破，同时具备了更广泛、更深层次的综合素养，为未来职业发展奠定了坚实基础。

二、行业需求与教学关联

（一）多元的人才需求

1.多元领域的专业人才

电子商务行业的快速发展对多元领域的专业人才提出了紧迫的需求。这个行业的多元性体现在对不同领域专业人才的广泛需求上，其中技术开发、运营管理和市场营销等方面都对具有特定技能和素养的人才有着迫切的需求。

首先，技术开发是电子商务行业不可或缺的一环，需要拥有深厚技术功底的专业人才。实验教学通过模拟电子商务平台的实际运作，使学生能够在技术开发方面应对不断变化的挑战。这有助于培养学生具备适应技术前沿和创新的能力，使其在技术领域具备竞争力。

其次，运营管理方面需要有组织协调能力的专业人才。实验教学通过模拟虚拟交易系统等实际操作，让学生深入了解业务流程，培养其在运营管理中高效组织和协调的能力。这样的培养使学生在毕业后能够迅速胜任复杂的业务运营任务。

此外，市场营销领域则需要富有创意和市场洞察力的专业人才。实验教学通过模拟商业环境，让学生更好地理解市场运作，培养其具备创新思维和市场敏感性。这样的综合培养使学生能够在市场营销领域中展现出色的业绩。

总体而言，实验教学在培养电子商务行业多个领域的专业人才方面发挥着关键作用。通过模拟实际运作，学生能够深入了解不同职能领域的操作和流程，从而更好地适应电子商务行业的复杂多变环境。这种培养模式为学生的职业发展奠定了坚实基础。

2.综合知识与实践经验的结合

电子商务行业的要求日益向多方面发展，不仅需要从业者具备扎实的理论知识，更强调实际操作和解决问题的能力。在这一背景下，实验教学作为关键的教育手段，通过综合知识和实践经验的结合，为学生提供了更为全面的培养。

实验教学通过模拟电子商务环境，将理论知识与实际操作相结合。学生在这个模拟的商业场景中，不仅仅是被动地被灌输知识，更能够主动参与实际业务操作，从而深化对专业知识的理解。这样的学习方式使学生能够更好地理解电子商务的关键概念、技术和运营流程。

融合综合知识和实践经验的教学方法，使学生不仅具备了丰富的理论基础，更培养了他们在实际业务场景中解决问题的实际能力。通过参与模拟电子商务平台和虚拟交易系统等实际运作，学生能够直接面对业务问题，培养他们在职场中灵活应对问题的能力。这种结合实践的学习方式不仅加深了其对理论知识的理解，也让学生更好地应对复杂多变的商业环境。

这样的教学模式培养了学生成为在不同领域都能胜任的综合型人才。他们不仅具备了丰富的理论知识，更通过实际操作锤炼了解决问题的能力。这样的学习经历无疑增强了学生的职业竞争力，使他们更好地适应电子商务行业的多元化发展。因此，综合知识与实践经验的结合在电子商务教育中扮演着至关重要的角色，对学生的培养更为全面和深入。

3.实验教学的定制性培养

实验教学在电子商务领域的多元需求方面具备显著的定制性培养特点。这一教学方法通过设定不同领域的实验项目，有针对性地培养学生在技术、管理、市场等方面的专业能力，为其提供了更加个性化的学习体验。

首先，实验教学通过定制不同领域的实验项目，使学生能够深入了解电子商务行业的多元需求。在技术方面，学生可能参与模拟电子商务平台的开发和维护，培养其具备先进技术应用的能力；在管理方面，可以通过实际案例分析和模拟经营项目，锤炼学生的组织协调和决策管理能力；而在市场方面，学生可能参与市场调研和推广计划的设计，培养其市场洞察力和创新思维。这种有目的性的定制培养方式使学生在毕业后能够更好地迎接不同领域的挑战。

其次，定制性培养有助于满足电子商务行业对多元人才的迫切需求。电子商务行业的快速发展意味着对各个领域专业人才的需求越发多元化。实验教学的定制性培养模式能够使学生更早地接触到不同领域的实际操作，提前了解各专业的特点，为他们未来职业发展的多元选择提供了有力的支持。这种个性化的培养方式有助于学生更好地发现自己的兴趣和优势，并在特定领域中深耕，从而更有竞争力地投身职场。

最后，实验教学通过定制性培养方式为学生打开了通往电子商务行业多元领域的大门。通过参与不同类型的实验项目，学生将积累跨领域的实际经验，提高自己的适应能力和综合素养。这种个性化的培养方式使学生更具备全面的能力，有望成为行业中的多面手，更好地适应未来电子商务行业的发展趋势。

因此，实验教学的定制性培养为电子商务专业学生提供了更为灵活和个性化的学习机会，使他们更好地适应多元领域的行业需求，为未来的职业发展奠定了坚实基础。

（二）实验教学与行业趋势的对接

1. 行业趋势的不断演变

电子商务行业正面临着快速的演变，这一演变受到市场和技术因素的持续影响。新兴的商业模式、科技创新及消费者需求的不断变化都成为推动这一行业不断向前发展的重要动力。在这个快速变化的环境中，实验教学的及时对接行业趋势变得尤为关键，以确保学生所学的知识和技能能够紧跟行业的最新要求。

首先，新的商业模式的出现给电子商务行业带来了颠覆性的影响。实验教学应当及时了解并融入这些新模式，通过实际操作和案例分析，让学生更好地理解和适应不同的商业运作方式。例如，新零售、社交电商等模式的崛起，都需要从业者具备不同的策略和实操能力，实验教学可以通过模拟这些场景，使学生更深刻地理解并掌握新的商业运作方式。

其次，科技的不断创新也在推动电子商务行业的发展。实验教学应紧密关注最新的科技趋势，如人工智能、大数据分析、区块链等，将这些前沿技术融入实际操作中。通过模拟应用这些技术，学生能够更好地理解其在电子商务领域的实际应用，提升他们在面对未来技术挑战时的适应能力。

此外，消费者需求的不断变化也是电子商务行业不可忽视的因素。实验教学应当通过模拟不同的市场情境和消费者行为，使学生能够更敏锐地洞察和理解市场的动态。这样的培训有助于培养学生灵活的市场洞察力，使他们能够更好地满足消费者的需求，提高企业竞争力。

最后，电子商务行业的不断演变需要实验教学不断调整和创新。通过及时对接行业趋势，实验教学能够确保学生在学业结束后具备适应行业发展的敏感性和实际应用能力，使他们更好地迎接未来电子商务行业的挑战。

2. 实验教学与行业专业人士的合作

为更深刻地了解电子商务领域的行业趋势，实验教学可以积极与行业专业人士展开合作。这种紧密的协作关系不仅有助于学生获取最新的行业信息，还能够提供实践经验和深度理解，使他们更好地适应未来职业挑战。

首先，与电子商务领域的专业人士建立合作关系，可以邀请行业专家举办讲座。这样的讲座不仅能够传递最新的理论知识，还能够分享专业人士在实际工作中的经验和见解。学生通过聆听专业人士的讲解，能够更全面地了解电子商务行业的发展趋势，对未来的职业方向有更清晰的认识。

其次，组织学生参与行业研讨会是另一种有效的合作形式。通过与行业专业人士一同参与研讨和讨论，学生能够直接接触到实际问题和行业内部的思考方式。这种亲身参与的经历有助于培养学生解决实际问题的能力，使他们在职场中更具备实操经验。

此外，实验教学还可以与行业专业人士开展共同的研究项目。这样的合作模式既促进了学术研究的深入，又为学生提供了与专业人士合作的机会。通过共同参与研究项目，学生可以更深入地理解电子商务行业的前沿问题，同时建立起与专业人士的紧密联系，有助于日后的职业发展。

综合而言，实验教学与电子商务领域专业人士的合作为学生提供了更丰富的学习体验。通过与行业专业人士的深度合作，学生既能够获取最新的行业信息，又能够借鉴专业人士的实践经验，为他们未来的职业生涯奠定坚实基础。

3.实地考察与企业合作项目的参与

实地考察和积极参与企业合作项目是实验教学中两个极具价值的元素，它们共同构成了学生深度了解电子商务行业并将理论知识转化为实际操作能力的重要途径。

首先，实地考察作为实验教学的一项重要活动，为学生提供了直观感受电子商务行业运作的机会。通过走访电子商务企业，学生可以近距离观察企业的日常运营和管理模式，了解实际业务中的挑战和机遇。实地考察能够让学生更深入地了解行业的内部运作机制，感知市场的动态变化，为他们的职业规划提供更具体的参考。

其次，积极参与企业合作项目是实验教学与行业趋势对接的重要途径之一。通过与企业合作，学生有机会参与真实项目，将在课堂上学到的理论知识应用到实际工作中。这种实际项目经验使学生更好地理解企业的需求，培养了他们的实际操作能力。与企业的紧密合作还能为学生提供与业界专业人士互动的机会，拓展他们的人际网络，为未来的职业发展奠定基础。

通过实地考察和积极参与企业合作项目，实验教学将学生置身于真实的商业环境中，帮助他们更好地理解并适应电子商务行业的最新动态。这样的经历不仅提升了学生的实际操作能力，还为他们的职业生涯奠定了坚实的基础。

（三）跨学科教学的创新

1.电子商务的综合性需求

电子商务作为一个综合性的领域，其运作涉及众多学科领域的知识和技能，包括但不限于信息技术、经济学、管理学等。其特点在于业务活动不仅仅依赖于技术的支持，还深刻地受到市场经济和企业管理等多个方面的影响。因此，电子商务的专业人才需要具备跨学科的知识背景，以更全面、更深入的视角理解和解决行业中的各种问题。

在信息技术方面，电子商务从业者需要熟悉各类电子商务平台和虚拟交易系统的运作，掌握前沿的技术工具，以确保业务的高效和安全进行。经济学方面的知识对于理解市场规律、分析供需关系及进行成本效益分析至关重要，这些都直接关系到电子商务企业的盈利能力。管理学的知识则有助于从事电子商务企业的组织管理、战略规划和人力资源管理等方面的工作，提高企业的整体运营效率。

电子商务的多学科要求使得从业者需要不断拓展自己的知识面，适应行业发展的多元化趋势。跨学科的知识背景使得专业人才能够更灵活地运用不同领域的知识解决实际业务中的复杂问题，更好地适应电子商务行业的快速变化。因此，为了满足电子商务行业的综合性需求，专业人才的培养不仅要强调技术水平，还需要注重跨学科的知识整合和综合运用。这样的综合性素养将为电子商务从业者在职业发展中提供更广泛的机会和更深厚的竞争力。

2.跨学科教学的创新

为了培养学生的跨学科综合素养，实验教学可以通过创新的教学方式进行跨学科教学。这一创新性的教学方法旨在打破传统学科的界限，使学生能够更全面地理解和应对电子商务行业的多领域挑战。

首先，通过开设跨学科的实验项目，学生可以在实际操作中接触到信息技术、经济学和管理学等多个学科领域的知识。例如，在模拟电子商务的案例中，学生不仅可以学习技术操作，还需要运用经济学的市场分析知识来调整策略，并通过管理学的团队协作知识来实现项目目标。这种综合性的实验项目有助于培养学生对多学科知识的整合能力，提高他们在不同领域中的综合素养。

其次，组织跨学科的讨论和研究小组也是一种创新的跨学科教学方式。通过将来自不同学科背景的学生聚集在一起，促使他们分享各自的专业知识和经验，从而形成更全面的思维方式。这样的交流与合作有助于学生在跨学科合作中更好地理解和融合不同领域的观点，提高团队协作和沟通的能力。

通过这种创新的跨学科教学方式，学生将更好地理解电子商务行业的综合性特点，培养跨学科思维和解决问题的能力。这样的教学模式不仅有助于学生更好地适应电子商务行业的需求，也为其未来的职业发展打下了坚实的基础。

3.综合性培养的重要性

培养学生的综合素养对于他们在电子商务行业中的竞争力至关重要。创新的跨学科教学方法有助于实现这一目标，使学生不仅能在自己的专业领域深入了解知识，还能够涉足其他相关学科领域，形成更为全面的学科视野。这种全方位的培养极大地提升了学生在电子商务行业中的竞争力，具体体现在以下几个方面。

首先，综合性培养使学生能够在多个学科领域都有所涉猎。通过跨学科教学，学生不仅深入了解电子商务专业知识，还能够学习并应用其他相关学科的知识，如信息技术、经济学和管理学等。这种多学科背景的综合培养有助于学生更全面地理解电子商务行业的运作机制和业务需求，为其未来在行业中的发展提供了更广阔的视野。

其次，综合性培养使学生具备解决实际问题的能力。电子商务行业的复杂性要求从业者不仅要掌握专业知识，还需要具备解决实际业务问题的能力。通过跨学科教学，学生在解决问题时能够综合运用不同学科领域的知识，形成创新型的解决方案。这种能力是在职场中快速应对挑战的关键，提高了学生在行业中的竞争力。

最后，综合性培养使学生更好地适应电子商务行业的复杂多变环境。电子商务行业受到市场和技术的快速变化影响，对从业者的适应能力提出了更高要求。跨学科的培养方式使学生能够更灵活地应对行业的发展趋势，更好地适应行业的复杂多变性，增强了他们在职业生涯中的稳定性和可塑性。

因此，综合性培养通过跨学科教学的创新，不仅使学生在专业领域更具深度，同时也为他们在电子商务行业中的成功发展提供了全面而有力的支持。这种综合素养的培养模式将为学生的职业生涯奠定坚实基础，使其更好地适应行业的需求和挑战。

第三章　电子商务教学理论与模型

第一节　电子商务教学理论的演变

一、传统教学与电子商务教育的融合

（一）传统教学模式的挑战

1. 传统教育的局限性

传统教学模式侧重于教师的讲解，学生被动接受知识。在电子商务领域，这种模式无法及时适应技术和商业模式的迅速变化，导致学生接触的内容相对滞后，难以满足行业需求。

2. 难以跟上技术发展

电子商务作为技术驱动型行业，发展迅猛。传统教育体系中的教材和课程设计通常难以跟上最新技术的步伐，从而使学生在面对实际业务问题时缺乏最新的知识储备。

3. 学生被动接受

传统教学中，学生更多的是被动接受知识，难以培养主动学习和实际操作的能力。这种模式下，学生的实践机会有限，难以将理论知识应用到实际问题中。

（二）教学融合的意义

1. 适应电子商务快速发展

教学融合作为一种适应性强的教育方式，能够更好地满足电子商务领域的教学需求。融合模式将多种教学手段有机结合，使得学生能够更全面地理解和应用相关知识。

2. 提升学生综合素养

教学融合不仅包括传统课堂教学，还引入了信息技术、实践案例等元素。这样的多元教学手段有助于提升学生的综合素养，使其更好地适应未来的职业挑战。

3. 拓展学习资源

教学融合通过引入多样化的学习资源，包括在线课程、实践项目等，为学生提供更广泛的学习途径。这有助于培养学生主动学习的习惯，拓宽他们的知识视野。

（三）实践案例的引入

1. 增强理论知识的实际应用

实践案例的引入使学生能够更直观地理解电子商务的理论知识。通过分析真实商业案例，学生能够将抽象的概念与实际操作相结合，更好地应对实际业务问题。

2.提高问题解决能力

实践案例通常涉及实际的商业挑战，学生需要分析问题、制定解决方案。这培养了学生的问题解决能力，使其能够在未知情境中迅速做出决策。

3.培养实际操作能力

通过实践案例，学生参与到真实业务场景中，提高了他们的实际操作能力。这种参与式的学习方式使学生更好地理解商业运作的方方面面，为未来的职业发展积累了经验。

二、新兴教育理论在电子商务教学中的应用

（一）构建学生中心的学习环境

1.学生主动参与

新兴教育理论强调学生中心的学习环境，追求学生主动参与。在电子商务教学中，采用这种理论，教师的角色从信息传递者变为引导者，激发学生的兴趣，培养他们自主学习的能力。

2.自主学习与知识获取

学生通过自主学习建构知识体系，不再依赖传统的教师主导式学习。在电子商务领域，这种学生中心的环境促使学生更灵活地获取、分析和应用最新的商业和技术知识。

3.引导性的教学

教师在学生中心的环境中更注重引导性的教学，通过启发式问题、案例分析等方式激发学生的思考，使他们更深度地理解电子商务的复杂性。

（二）问题导向学习

1.学生主动参与

（1）新兴教育理论的引入

新兴教育理论强调学生中心的学习环境，转变了传统教学中教师主导的范式。在电子商务教学中，引入这种理论意味着教师不再仅仅是信息的传递者，而是更加注重激发学生的主动参与。通过鼓励学生提出问题、分享观点，教师可以促使学生更深度的思考和互动，实现知识的共建。

（2）激发学生兴趣的教学设计

学生主动参与的学习环境需要激发学生的兴趣，使其更愿意参与到课程中。在电子商务课程中，教师可以设计具有实际案例和应用场景的教学内容，以引发学生对实际业务挑战的兴趣。这样的设计有助于培养学生对电子商务领域的主动学习态度，提高他们解决实际问题的能力。

（3）培养学生的自主学习能力

学生主动参与的学习环境注重培养学生的自主学习能力。在电子商务教学中，可以通过设立自主学习项目、鼓励学生参与实际业务模拟等方式，激发学生对知识的主动获取和应用。这样的学习方式有助于提高学生的问题解决能力，使他们更好地适应电子商务行业的复杂性。

2.自主学习与知识获取

（1）构建个性化学习路径

学生在学习过程中展现出不同的兴趣和学科倾向，学生中心的学习环境应当允许个性化学习路径的构建。在电子商务课程中，教师可以提供多样化的学习资源和项目选择，让学生根据自己的兴趣和发展方向进行深度学习，从而更好地满足个体差异。

（2）引入在线学习工具

自主学习强调学生自主获取知识，而现代技术提供了许多在线学习工具，能够有效支持这一理念。电子商务教学可以利用在线平台、虚拟实验等资源，让学生在自主选择的学习过程中更灵活地获取知识。这样的学习方式不仅提高了学生对信息获取的主动性，同时也培养了他们在数字时代背景下的信息素养。

（3）实践项目的引入

自主学习与知识获取需要结合实践项目，通过实际操作将理论知识转化为实际技能。在电子商务课程中，我们可以设计实践项目，让学生根据自己的兴趣和学科特长选择并完成具体项目。这样的项目有助于巩固理论知识，提高学生在实际业务中的应用能力。

3.引导性的教学

（1）启发性问题的设计

在学生中心的学习环境中，教师的角色更侧重于引导。通过设计启发性问题，教师可以引导学生主动思考，激发他们的学习兴趣。在电子商务教学中，这可以体现为对行业趋势、创新解决方案的思考，促使学生深度参与到知识的建构中。

（2）案例分析的运用

引导型的教学方式中，案例分析是一种有效的工具。通过真实业务案例的分析，学生能够更好地理解电子商务领域的复杂性。在案例分析中，教师可以引导学生提出问题、分析情境，培养他们独立解决问题的能力，这符合学生中心学习理念。

（3）实践性任务的设计

为了更好地引导学生深度理解电子商务的复杂性，教师可以设计实践性任务，让学生在真实业务环境中应用所学知识。这样的任务既考验学生的实际操作能力，又激发了他们解决实际问题的积极性。例如，可以组织学生参与模拟电子商务平台的设计和运营，让他们在实际项目中体验并应对各种挑战。

（4）课堂讨论的推动

在学生中心的学习环境中，课堂讨论是促进学生思辨和交流的有效方式。教师可以通过组织小组讨论、座谈会等形式，引导学生深入讨论电子商务领域的前沿问题和热点话题。这样的讨论有助于拓展学生的思维深度，培养他们对复杂问题的全面理解。

（三）融合在线学习

1.灵活性与可及性

（1）在线学习平台的引入

新型教育理论强调提高学习资源的灵活性和可及性，其中一个关键的方式就是融合在线学习。在电子商务教学中，引入先进的在线学习平台为学生提供了灵活性和可及性。学生可以随时随地通过网络获取最新的学习资源，不再受制于传统课堂的时间和地点限制，更好地适应电子商务行业快速变化的需求。

（2）随时随地的学习机会

在线学习平台使得学生可以根据自己的时间安排，选择最适合自己的学习时段。这种随时随地的学习机会不仅符合学生的个体差异，也促进了学习的主动性。学生可以在工作、实习等其他任务之余，更有效地安排学业，提高学习的效率和质量。

（3）资源的全球共享

在线学习不受地理位置的限制，学生可以获取来自世界各地的高质量学习资源。这种全球共享的特点使得学生能够接触到不同文化、不同视角的知识，有助于提高他们的国际化视野，更好地适应全球化背景下的电子商务行业。

2. 提供多样化学习形式

（1）网络课程的多元选择

在线学习平台提供了多样化的网络课程，涵盖电子商务领域的不同方向和深度。学生可以根据自己的兴趣和学业规划，选择适合自己水平和需求的网络课程。这种个性化的学习路径有助于培养学生更为专业化的技能。

（2）虚拟实验的丰富资源

在电子商务教学中，虚拟实验是一种重要的学习方式。通过在线学习平台，学生可以访问丰富的虚拟实验资源，进行模拟商业环境中的实际操作。这样的虚拟实验不仅增加了学生对实际业务挑战的理解，也提高了他们的实际操作能力。

（3）在线讨论的互动学习

在线学习平台提供了在线讨论的机会，学生可以在虚拟空间中与同学和教师进行互动。这种互动学习形式促使学生思辨、交流和合作，培养了他们团队合作和沟通能力。通过参与在线讨论，学生能够更深入地理解电子商务领域的复杂性。

3. 利用信息技术

（1）虚拟实验室的运用

在线学习平台结合虚拟实验室的运用，为学生提供了在模拟环境中进行实际操作的机会。通过虚拟实验室，学生可以在安全的环境中体验电子商务平台的设计和运营，加深对理论知识的理解。这种信息技术的应用丰富了电子商务教学的教学手段。

（2）多媒体资源的整合

在线学习平台不仅提供文字形式的学习材料，还整合了多媒体资源，如图像、视频等。这样的多媒体资源更直观地呈现电子商务领域的实际情境，有助于学生更深入地理解和应用所学知识，提高了他们的学习兴趣。通过多媒体资源的整合，学生可以更生动地了解电子商务行业的运作方式、市场趋势和创新案例，从而更好地应对行业挑战。

（3）在线测评和反馈

利用信息技术，在线学习平台可以设计实时的在线测评和反馈系统。这有助于教师及时了解学生的学习进展，同时为学生提供及时的反馈和个性化建议。通过在线测评，学生可以更好地掌握自己的学业状况，有针对性地调整学习计划，提高学习效果。

（4）智能化学习系统

引入人工智能技术，构建智能化学习系统，可以根据学生的学习习惯、水平和兴趣，个性化地推荐学习内容。这样的系统能够更好地满足学生的个性化需求，提供针对性的学习资源，使学生在学习过程中更为高效。

（四）跨学科整合

1.电子商务的多学科性

电子商务作为一门综合性的学科，融合了商业管理、信息技术、市场营销等多个学科领域的知识，展现出其显著的多学科性质。在当今日新月异的商业环境中，电子商务行业的发展日益涉及众多学科的交叉应用。商业管理方面需要学生具备良好的组织协调和战略规划能力，信息技术方面要求学生具备深厚的技术功底以适应技术的快速变化，而市场营销领域则需要富有创意和市场洞察力的专业人才。

在新兴教育理论的引导下，跨学科整合成为培养学生的综合素养的关键因素。这种整合不仅仅是简单地将各学科知识堆砌在一堂课上，更是通过有机结合不同学科的理论与实践，使学生能够形成更为全面、综合的视角来应对复杂多变的电子商务环境。这种跨学科性质要求学生具备更为广泛的知识面和更强的综合应用能力，培养出既懂技术、又懂管理和市场的多才多艺的专业人才。

因此，电子商务课程的设计应当凸显其多学科性，强调不同学科之间的相互关联和相辅相成的关系。通过跨学科的教学内容和项目设计，学生能够深入了解商业管理、信息技术和市场营销等多个领域的知识，培养出更具综合素养的电子商务专业人才。在这一综合性的学科体系中，学生将能够更好地理解和解决电子商务领域的实际问题，更好地适应不断变化的商业环境。这种多学科型的教学理念不仅有助于学生全面发展，还为他们未来在电子商务行业的职业生涯奠定了坚实的基础。

2.跨学科项目

为了更好地实现跨学科整合，采用跨学科项目的方式是一种有效而创新的教学方法。在电子商务教学中，组织跨学科的实践项目能够促使学生在团队协作中应用多学科知识，解决实际电子商务案例，从而更全面地理解和应用跨学科的知识。

在这样的项目中，可以设计一个真实且具有挑战性的电子商务案例，要求学生以小组形式展开协作。这个项目可能涉及商业管理、技术开发、市场营销等多个学科领域，要求学生从不同专业角度出发，共同思考并解决实际问题。例如，在解决一个电子商务平台优化的案例中，学生需要考虑的方面可能包括用户体验设计、营销策略、技术性能等。

通过这样的跨学科项目，学生将在实践中体验到知识的交叉应用和协同工作的重要性。他们将不仅仅局限于自己专业领域的知识，还能够从其他学科获得启发，形成更为综合的解决方案。这种实践性的学习方式有助于培养学生的综合素养，使其更好地适应未来电子商务领域的复杂挑战。

此外，跨学科项目也能够促进学生之间的交流与合作，增强团队协作能力。通过共同努力解决跨学科问题，学生将建立起更加紧密的团队关系，培养出适应团队工作环境的沟通和协调能力。这些团队合作的经验将为他们未来的职业发展奠定坚实的基础。因此，跨学科项目作为电子商务教学的一种创新实践，不仅有助于提升学生的学科能力，还培养了他们在实际工作中所需的团队协作和跨学科思维能力。

3. 培养跨学科思维

在电子商务课程中，培养跨学科思维能力是一项至关重要的任务。跨学科整合不仅仅是知识层面的融合，更需要学生具备超越学科边界的思考和解决问题的能力。为了达到这一目标，可以在课程中设立专门的跨学科思维培养环节，通过这些环节引导学生在实际问题中综合运用各学科的理论和方法。

这样的跨学科思维培养环节可以设计成开放性的课程项目或独立的学习模块，旨在激发学生的学科好奇心和创造性思维。在这个环节中，学生可能面临具有挑战性的电子商务问题，需要从商业管理、信息技术、市场营销等多个学科领域出发，综合运用各类知识来提出解决方案。

通过参与这样的跨学科思维培养环节，学生将逐渐培养起面对复杂商业环境时的综合思考和分析能力。他们需要学会将来自不同学科的知识融会贯通，形成更为全面的观点和解决方案。这种培养方式不仅仅关注于解决具体问题，更注重培养学生的创新能力和对复杂问题的适应能力。

此外，跨学科思维培养环节还有助于拓宽学生的学科视野，使他们更好地理解学科之间的相互关系。学生在这个过程中将不再将知识划分为孤立的学科领域，而是形成一种更为综合和综述型的认知结构。

因此，通过设立跨学科思维培养环节，电子商务课程能够更好地培养学生具备跨学科思考和解决问题的能力，使他们更好地适应未来电子商务领域的多学科挑战。

第二节　教学模型与课程设计原则

一、教学模型的选择与设计

（一）教学模型的概念与重要性

1. 教学模型的定义

教学模型是指在教学过程中，教师与学生相互作用的一种框架或范式，包括教学方法、评估方式及学习资源的整合。在电子商务教学中，选择合适的教学模型至关重要，它直接关系到学生对复杂业务环境的理解和应对能力。

2.重要性

电子商务领域的知识涉及广泛，涵盖技术、管理、市场等多个方面。教学模型的选择影响学生对这些领域知识的整合与应用。一个有效的教学模型能够激发学生的学习兴趣，提高学习效果，并培养学生的实际应用能力。

（二）问题导向学习模型

1.概念

问题导向学习模型注重通过提出开放性问题，激发学生主动探索解决问题的方法。在电子商务教学中，这种模型可以通过真实商业案例的设计来实现，使学生在解决实际问题的过程中学习相关理论知识和实践技能。

2.培养学生的能力

问题导向学习模型培养学生的问题解决能力和团队协作精神。通过面对实际问题，学生需要运用所学知识，提出解决方案，并在小组中共同讨论和合作。这不仅加深了其对知识的理解，还锻炼了实际应用的能力。

（三）实践导向教学模型

1.概念

实践导向教学模型将理论知识与实际操作相结合，通过实际项目、实地考察等方式培养学生的实际动手能力。电子商务课程设计可以引入模拟商业环境，让学生在真实场景中运用所学知识。

2.培养学生的实际操作能力

实践导向教学模型通过实际项目的参与，使学生能够更好地适应电子商务行业的工作要求。学生在模拟商业环境中动手操作，不仅加深了对理论知识的理解，还锻炼了在实际业务场景中的应对能力。

（四）案例分析与讨论模型

1.概念

案例分析与讨论模型通过分析实际案例，让学生深入理解电子商务中的问题和挑战，并通过小组讨论提出解决方案。这种模型强调学生在合作中学习，培养批判性思维和团队合作能力。

2.培养学生的批判性思维

案例分析与讨论模型培养学生对问题的深刻理解和批判性思维。通过小组讨论，学生能够从不同角度思考问题，提出解决方案，同时锻炼团队协作的能力。

二、课程设计原则的制定与应用

（一）综合性与前瞻性原则

1.综合性原则

综合性原则在电子商务课程设计中具有关键性作用。该原则要求课程必须全面涵盖电子商务领域的多个方面，其中包括技术、管理和市场等多个维度。通过这种全面性的设计，学生能够获取广泛而深刻的知识，培养跨领域思维，为未来的专业发展奠定坚实基础。

在综合性的课程中，学生将全方位地了解电子商务的各个层面，包括技术的创新、管理的协调和市场的变革。这有助于拓宽学生的视野，使其更好地理解电子商务的复杂性和多样性。通过对不同方面的综合性培养，学生将具备更强的解决问题的能力，为未来职业生涯的成功奠定基础。

因此，综合性原则的贯彻意味着课程将呈现出多样性和完整性，为学生提供更为全面的学科体验。这样的教学设计不仅有助于学生在课堂中形成更加完整的电子商务知识结构，也为他们将理论知识应用于实际问题提供了更丰富的思考和方法。

2.前瞻性原则

前瞻性原则在电子商务课程设计中具有显著的重要性。这一原则强调课程应该具备预测未来发展的能力，确保学生对行业最新趋势有清晰的认识。前瞻性的设计要求教育者引入最新的案例研究、行业报告等教学手段，以使学生更加敏感地理解新兴技术、商业模式的变革及市场趋势的演变。

通过引导学生对未来进行深入思考，前瞻性原则有助于培养学生的战略眼光。这种战略性思考能力使学生在面对未知挑战时能够更加从容地应对，从而增强其在职业生涯中的竞争力。借助前瞻性的课程设计，学生能够培养对行业动态的敏感度，时刻保持对变化的适应性。

综合而言，前瞻性原则不仅仅关注当前电子商务领域的知识传授，更关注培养学生的未来思考能力。通过引导学生对行业未来趋势进行深度思考，课程能够更好地服务于学生的长远职业发展，使他们在快速发展的电子商务领域中更具前瞻性和竞争力。

（二）实践性与应用性原则

1.实践性原则

实践性原则在电子商务课程设计中扮演着至关重要的角色。这一原则要求课程设计与实际操作紧密结合，通过项目、实验等形式培养学生的实际动手能力。实践性的设计使得学生能够在真实的商业环境中应用所学知识，提高其实际问题解决能力，更好地适应未来职业发展的挑战。

通过亲身参与实践项目，学生得以深入了解电子商务领域的实际运作，并将所学理论知识与实际操作相结合。这种直接参与的方式使学生不仅仅是知识的接受者，更是知识的应用者。在实践中，他们能够面对真实的业务问题，通过实际操作加深对理论的理解，并培养解决实际问题的能力。

实践性原则的贯彻有助于学生更好地应对电子商务行业的复杂性和变化性。通过将课程设计与实际操作相结合，学生不仅具备了理论知识，更获得了在真实场景中应对各类挑战的经验。这样的实践经验使得学生在毕业后更具备竞争力，能够更快速、更自信地适应职业生涯中的各种工作要求。

2.应用性原则

应用性原则在电子商务课程设计中具有重要的指导意义。该原则着重培养学生将所学知识应用于实际电子商务业务场景的能力，旨在使学生不仅理解理论知识，更能够灵活运用这些知识解决真实的商业问题。

通过强调应用性原则，课程设计可以设计实际案例，要求学生将所学的理论知识运用到这些案例中。这种设计使学生能够更深入地理解知识的实际应用，从而提高他们解决实际问题的能力。在电子商务领域，应用性原则可以通过模拟电子商务平台、虚拟交易系统等实际运作情境，要求学生运用所学知识解决实际业务问题，从而更好地锻炼他们的实际操作技能。

通过实际应用，学生将在解决实际问题的过程中逐渐形成对知识的深刻理解，同时培养实际操作的敏感性。这有助于他们更好地适应未来职业生涯中的挑战，因为他们已经在学习阶段就学会了将所学知识有机地应用于实际工作场景。

应用性原则的贯彻不仅能够增强学生的实际操作能力，还能够提高其在电子商务领域的竞争力。通过将理论知识与实际业务场景相结合，学生将更全面地理解电子商务的运作机制，为未来职业生涯的成功打下坚实基础。

（三）跨学科与全球化原则

1.跨学科原则

跨学科原则在电子商务课程设计中具有显著的重要性。该原则要求课程设计应涉及多个学科领域，旨在培养学生跨领域解决问题的综合能力。电子商务作为一个综合性的领域，不仅仅关乎技术，还包括管理、市场、经济学等多个方面。因此，跨学科的设计能够使学生更全面地理解电子商务领域的复杂性。

在跨学科的课程设计中，学生将有机会接触和学习不同学科的知识，从而拓宽他们的学科视野。例如，可以设计项目或案例，要求学生结合信息技术、市场营销、管理学等多个学科领域的知识，共同解决电子商务中的实际问题。这样的设计有助于培养学生综合运用各学科知识的能力，使其在解决复杂的商业问题时更具有优势。

跨学科原则还能够促使学生形成系统思维，能够综合考虑不同学科的因素，提升解决问题的综合能力。在电子商务课程中，这种综合能力对学生未来从事电子商务相关职业具有重要意义。他们将更好地适应快速变化的商业环境，因为他们不仅了解技术，还具备了跨学科的经营和管理视角。

通过跨学科原则的贯彻，电子商务课程能够更好地满足学生的综合素养培养需求，使其在未来职业生涯中更具竞争力。这种多学科的设计不仅有益于学生个体的综合发展，也符合电子商务行业对多元人才的需求。

2.全球化原则

全球化原则在电子商务课程设计中具有重要作用。该原则要求课程关注国际电子商务的发展，旨在培养学生具备在跨文化背景下工作的能力。随着电子商务行业的不断全球化，学生需要具备能够在不同文化环境中进行合作和竞争的能力。

在课程设计中引入国际案例是实现全球化原则的有效手段。通过学习国际电子商务领域的成功和失败案例，学生能够更好地理解不同国家和地区的商业文化、法规差异及市场需求的变化。这有助于培养学生在国际业务中的战略思维和跨文化交流的能力。

开展国际合作项目也是实现全球化原则的有效途径。通过与国外高校或企业进行合作，学生能够参与真实的国际项目，了解全球电子商务行业的实际运作。这种经历将使学生更具全球化视野，为他们未来在国际舞台上发展提供有力支持。

全球化原则的贯彻有助于培养学生成为具备全球竞争力的电子商务专业人才。他们将更好地理解和应对不同文化、不同市场条件下的挑战，为跨国企业和国际组织提供有价值的专业服务。通过关注国际发展趋势，电子商务课程能够更好地适应行业的全球化需求，培养出更具国际竞争力的人才。

（四）创新性与创业性原则

1. 创新性原则

创新性原则在电子商务课程设计中扮演着至关重要的角色。该原则强调课程应注重培养学生的创新思维，使他们具备适应行业前沿技术和商业模式的能力。电子商务行业一直处于快速变化的状态，创新型的课程设计能够为学生提供更灵活、前瞻的专业素养。

在课程设计中引入创新型的项目和任务是实现创新性原则的有效途径。这些项目可以涉及最新的技术应用、新兴商业模式或者解决行业挑战的创意方案。通过参与这样的项目，学生将有机会锻炼自己的创新能力，培养在面对未知问题时能够提出独特见解和解决方案的能力。

创新性原则的实施还可以通过引入创新工具和方法来促进。例如，可以在课程中采用设计思维、头脑风暴等创新型工具，激发学生的创造性思维。同时，教师可以鼓励学生关注最新的行业动态，了解前沿技术和创新商业模式，从而不断激发他们的求知欲和创新精神。

创新型的课程设计旨在培养学生在未来职业生涯中具备创新意识和能力。这种培养方式不仅使学生具备适应快速变化的行业需求的能力，同时也为他们在未来的创业和领导岗位上取得成功奠定了基础。通过关注创新性原则，电子商务课程能够更好地满足学生在创新、变革中的职业发展需求。

2. 创业性原则

创业性原则在电子商务课程设计中扮演着重要的角色。该原则旨在培养学生创业的意识和能力，使他们具备自主创业的潜力。电子商务行业充满了机遇和挑战，创业性的课程设计可以帮助学生更全面地了解创业过程，为他们未来的职业发展增添更多可能性。

引入创业课程是实现创业性原则的有效途径之一。这些课程可以涵盖创业的各个方面，包括市场分析、商业计划编制、团队建设等。通过学习这些内容，学生将能够全面了解创业的复杂性，提高自身的创业素养。此外，组织创业比赛也是培养学生创业精神的有效手段，通过参与比赛，学生可以将理论知识应用到实际项目中，锻炼创业的实际操作能力。

创业性原则的实施还可以通过与创业者、行业专业人士的互动合作来加强。邀请成功创业者举办讲座、组织学生参与创业沙龙等活动，可以让学生深入了解创业者的经验和智慧，激发他们对创业的热情。

通过关注创业性原则，电子商务课程能够更好地培养学生创业的勇气和能力，使他们在未来能够积极面对市场竞争，勇敢迎接挑战，实现个人事业的成功。

第三节　学生参与和互动的教学模式

一、学生角色转变与互动模式

（一）学生角色的变化

1.从被动接受者到主动参与者

在电子商务教学中，学生的角色经历了根本性的变化，由传统的被动接受知识者转变为主动参与者。这一变革旨在打破传统教学中学生被动学习的局面，强调学生在课堂中的积极参与和主动思考。

首先，传统的教学模式往往将学生定位为被动接受者，教师主导教学过程，学生以接受信息为主。然而，电子商务的快速发展要求学生具备更多的实际操作和解决问题的能力，传统的被动学习方式已经无法满足这一需求。因此，教育者开始着眼于培养学生的主动学习能力，使其在学习过程中更加积极主动。

其次，主动参与的理念强调学生在课堂上的积极互动，包括提问、讨论和分享观点。这种互动不仅仅是学生之间的互动，也包括学生与教师之间的互动。教师不再仅仅是知识的传授者，更成为学生学习过程的引导者和促进者。通过鼓励学生提出问题，教师可以及时解答疑惑，引导学生深入思考，从而提高学习效果。

此外，主动参与的教学模式注重培养学生的自主学习能力。学生被激发主动去寻找相关信息，通过研究和分析构建知识体系，不再完全依赖于教师的讲解。这有助于培养学生独立思考和问题解决的能力，更好地适应电子商务领域的复杂性和不断变化的环境。

最后，主动参与的教学理念强调学生在实际项目和实践中的参与。通过组织团队项目、实地考察等实践活动，学生能够将所学知识应用到实际场景中，从而更深刻地理解和掌握相关概念。这种实践性的学习方式培养了学生的实际动手能力，使他们更好地为未来的职业生涯做好准备。

总体而言，从被动接受者到主动参与者的角色变化，不仅提升了学生在电子商务课程中的学习体验，更培养了他们更为全面的能力，使其更好地适应当今电子商务行业的需求。这种教学理念不仅改变了传统教学的方式，也为学生的终身学习奠定了基础。

2.注重创造性思维和问题解决能力

电子商务教学注重培养学生的创造性思维和问题解决能力，旨在使学生不仅成为知识的消费者，更要成为思考者和解决问题的实践者。这一教学理念的核心在于激发学生的主动性和创造性，使他们具备更强的适应能力和创新潜力。

首先，电子商务课程通过开展问题导向的讨论活动，引导学生思考实际业务中面临的问题和挑战。通过这种方式，学生不仅能够理解理论知识，还能够将其应用于解决实际情境中的问题。问题导向的讨论不仅促使学生思考问题的多面性，还培养了他们主动寻找解决方案的能力。

其次，电子商务教学中的案例分析是培养学生问题解决能力的重要手段。通过分析真实的商业案例，学生能够深入了解电子商务领域的实际运作，从中总结问题并提出创新型的解决方案。这种实践性的学习过程培养了学生在复杂商业环境下进行问题分析和解决的能力。

此外，教学中还可以通过项目驱动的方式，引导学生深度参与实际项目。通过自主设计和完成项目，学生在实践中培养了创造性思维，同时面对项目中的挑战，也锻炼了他们解决问题的能力。这种项目驱动的学习方式强调实际操作和创新，使学生能够更好地应对未知的商业环境。

总的来说，电子商务教学强调创造性思维和问题解决能力的培养，通过问题导向的讨论、案例分析和项目驱动等方式，激发学生的主动性，使其具备在复杂和变化的电子商务环境中独立思考和解决问题的能力。这种注重实践和创新的教学理念培养了学生更为全面的能力，有助于他们在未来职业发展中更好地应对各种挑战。

（二）基于问题的讨论与案例分析

1.实际业务问题的引入

电子商务教学注重引入实际业务问题，采用基于问题的讨论，以激发学生的学习兴趣和培养其解决实际挑战的能力。这一教学方法通过直接面对业界存在的问题，使学生在课堂中更加深入地思考和讨论，从而提高他们对电子商务领域的理解深度。

在课堂中引入实际业务问题的好处之一在于能够将学生置身于真实商业环境中。通过选择当前电子商务领域面临的实际挑战和问题，教师可以引导学生深入了解行业的复杂性和多变性。学生在解决这些问题的过程中，不仅需要运用已学知识，还需要灵活应对不同情境，培养了他们的实际应用能力。

此外，通过实际业务问题的引入，学生在讨论中需要共同探索解决方案。这促使学生在团队合作中培养协作和沟通技能，更好地理解和尊重团队成员的观点。在解决实际问题的过程中，学生还能够培养批判性思维，提高对复杂事务情境的分析和判断能力。

引入实际业务问题的教学模式还有助于将理论知识与实际运用相结合。学生在解决实际问题的过程中，能够更深刻地理解理论知识的实际应用，增强对知识的记忆和理解。这有助于提高学生对复杂商业环境的适应能力，使其更好地为未来的职业生涯做好准备。

通过引入实际业务问题，电子商务教学以基于问题的讨论为主要手段，激发学生的学习兴趣，培养其解决实际挑战的能力。这种互动模式使学生更加积极参与学习过程，提高对电子商务领域的理解深度，为其未来的职业发展奠定坚实基础。

2.案例分析的重要性

案例分析在电子商务教学中具有重要性，通过分析真实案例，学生能够将理论知识与实际问题相结合，培养独立分析和解决问题的能力。这种教学方式不仅有助于学生深入理解电子商务领域的实际应用，还激发了他们对复杂商业环境的思考和理解。

首先，案例分析提供了一个融合理论与实践的平台。通过深入研究真实案例，学生能够将在课堂上学到的理论知识应用到实际业务情境中。这种实际应用能够使学生更全面地理解课程内容，并培养他们在真实业务环境中解决问题的能力。案例分析不仅仅是理论知识的延伸，更是知识的实际运用，使学术和实践得到更好的结合。

其次，案例分析强调学生的主动参与和深度思考。在分析案例的过程中，学生需要提出问题、寻找解决方案，并在小组或课堂上展示他们的分析和结论。这种互动促使学生不仅仅是知识的接受者，更是主动思考者和解决问题的实践者。通过主动参与案例分析，学生培养了批判性思维、逻辑思维和问题解决的能力，为他们未来的职业发展提供了坚实的基础。

此外，案例分析还有助于培养学生的团队协作和沟通能力。在小组讨论中，学生需要与团队成员共同探讨问题、分享观点，并达成共识。这种合作过程锻炼了学生的团队协作和沟通技能，提高了他们在团队中协同工作的能力。这对于电子商务领域来说尤为重要，因为该领域通常需要团队合作来应对复杂的业务挑战。

案例分析在电子商务教学中的重要性体现在它为学生提供了理论与实践相结合的学习平台，强调了学生的主动参与和深度思考，同时培养了团队协作和沟通能力。这种教学方法有助于学生更好地适应电子商务领域的复杂性，为其未来的职业发展奠定了坚实基础。

（三）团队合作与项目实践

1.团队合作的重要性

团队合作在电子商务教学中扮演着至关重要的角色，体现在学生角色的变化及对未来职业需求的适应性上。电子商务教学的新模式鼓励学生参与团队项目，通过协作解决实际问题，从而培养团队协作和沟通能力。这种教学互动模式使学生更好地适应未来电子商务行业对团队协作的迫切需求。

首先，团队合作强调了学生在团队环境中的协同工作能力。电子商务领域往往涉及多个方面的知识和技能，需要团队成员之间的密切协作以应对复杂的业务挑战。通过参与团队项目，学生能够学会共同制定目标、分工合作、有效沟通，并最终达成共同的团队目标。这不仅培养了学生的协同工作技能，还提高了他们在团队中发挥领导力的潜力。

其次，团队合作模式促进了学生的创新思维和问题解决能力。在团队中，学生面对实际问题时需要集思广益，通过不同成员的观点和经验，共同找到创新的解决方案。这培养了学生解决问题的灵活性和创造性思维，使他们更具备适应电子商务领域不断变化的环境的能力。

此外，团队合作还提供了学生在实际业务场景中应用理论知识的机会。通过参与真实的团队项目，学生可以将在课堂上学到的理论知识应用到实际业务问题中，从而更好地理解知识的实际应用。这种实践经验不仅丰富了学生的履历，还提高了他们在职业生涯中解决实际问题的能力。

总体而言，团队合作在电子商务教学中的重要性在于培养学生在团队环境中的协作能力、促进创新思维和问题解决能力，以及提供实际业务应用的机会。这种互动模式使学生更好地适应未来电子商务行业对具备团队协作技能的专业人才的迫切需求。

2.实际项目实践的价值

实际项目实践在电子商务教学中的引入具有重要的教育价值。这种教学方式通过让学生在真实场景中应用所学知识，为其提供了更为深入和全面的学习体验。参与实际项目使学生能够更好地理解电子商务的实际运作，同时也显著提高了他们在解决实际问题上的能力。这种互动方式为学生提供了实践经验，从而增强了其在职业生涯中的竞争力。

首先，实际项目实践提供了学生在真实业务环境中应用所学知识的机会。通过参与项目，学生能够将课堂上学到的理论知识应用到实际的业务场景中，从而更深入地理解这些概念的实际运作方式。这种直接的实践经验不仅强化了学生对电子商务领域的理解，还有助于他们更好地适应未来职业的挑战。

其次，实际项目实践强调解决实际问题的能力。在项目中，学生需要面对和解决真实业务中的挑战和难题，这要求他们运用所学的理论知识进行创造性思考和解决问题。通过这个过程，学生不仅提高了实际问题解决的能力，还培养了批判性思维和创新性思考，使他们更具备在复杂商业环境中应对挑战的能力。

最后，实际项目实践为学生提供了宝贵的实践经验，增强了其在职业生涯中的竞争力。在职业市场上，雇主更加重视具备实际项目经验的求职者。通过参与项目，学生能够展示他们在实际工作中的能力和成就，从而提高了自己在就业市场上的吸引力。

（四）虚拟模拟与实际操作

1.虚拟商业环境的引入

在电子商务教学中引入虚拟商业环境具有显著的教育价值。这一互动方式通过模拟真实的电子商务场景，为学生提供了在虚拟环境中实际操作的机会，从而加强了他们的实际动手能力。以下是这一互动方式的几个重要方面：

首先，虚拟商业环境的引入为学生提供了在模拟情境中运用所学知识的实际体验。通过参与虚拟项目和模拟业务操作，学生可以在相对低风险的环境中应用理论知识，从而更深入地理解电子商务领域的业务流程和运作机制。这种实践性的体验有助于将抽象的理论知识转化为具体的操作技能。

其次，虚拟商业环境的互动方式能够增强学生在真实工作环境中的适应能力。通过在虚拟环境中模拟不同的业务场景和挑战，学生可以更好地适应电子商务领域的复杂性和变化性。这种模拟的经验提升了他们在未来职业生涯中更为自信和灵活应对挑战的能力。

另外，虚拟商业环境的互动方式还能够促进学生之间的合作与交流。在虚拟团队项目中，学生需要共同解决模拟场景中的问题，这培养了团队合作和沟通能力。通过与同学合作，学生能够分享经验、互相学习，形成共同成就感，从而培养团队协作的精神。

总体而言，引入虚拟商业环境作为电子商务教学中的互动方式，不仅提供了学生实际操作的机会，提升了他们的实践能力，还增强了他们在真实工作环境中的适应能力和团队协作能力。这一教学模式在培养学生综合应用知识的同时，为其未来的职业发展奠定了坚实基础。

2.实际操作能力的培养

学生在电子商务教学中的角色转变不仅关注于知识的理论学习，更强调实际操作能力的培养。通过实际操作，学生得以将抽象的理论知识转化为实际应用的能力，从而更全面地理解和掌握电子商务领域的实际运作。以下是实际操作能力培养的几个关键方面：

首先，实际操作能力的培养提升了学生的实际动手能力。在电子商务教学中，通过引入实际项目、模拟业务操作等方式，学生得以直接参与真实的业务场景中。这种互动方式不仅使学生理解业务流程，还培养了他们解决实际问题的能力。学生通过亲身参与实际项目，更好地理解和掌握电子商务领域的实际操作技能，为将来的职业发展打下坚实基础。

其次，实际操作能力的培养有利于学生在模拟环境中应用所学知识。通过模拟电子商务场景，学生能够在相对低风险的环境中运用理论知识，从而更深入地理解和应用这些知识。这种实践性的学习体验不仅提高了学生对电子商务实际运作的认知，还使他们能够更灵活地应对真实工作环境中的挑战。

另外，实际操作能力的培养提升了学生在团队合作中的能力。通过参与实际项目，学生需要与团队成员协同工作，共同面对挑战。这促使学生培养团队协作和沟通的技能，加强了团队的凝聚力。在实际操作中，学生相互合作、交流经验，形成了共同的学习体验和成就感。

总的来说，实际操作能力的培养在电子商务教学中起到了至关重要的作用。通过这种互动方式，学生不仅在理论知识上有所提升，更在实际应用中培养了实际动手能力、团队协作和解决实际问题的能力，为他们未来在电子商务领域的职业发展提供了有力支持。

二、积极学习参与的激励机制

（一）实时反馈与评估机制

1.即时问答环节的设置

为了激励学生积极参与，实时反馈与评估机制可以通过即时问答环节在电子商务教学中得以实现。这一环节的设计在课堂中发挥着重要的作用，不仅促进了学生的主动学习，还为教师提供了一个及时了解学生理解情况的途径。

在即时问答环节中，教师可以随时提出与电子商务相关的问题，引导学生深入思考并回答。这种实时互动的方式使得学生在课堂上更加专注，因为他们随时可能被邀请回答问题。这不仅能够激发学生的学习兴趣，还增加了课堂氛围的活跃度。

通过学生的即时回答，教师能够了解学生对知识的理解情况。这有助于教师发现学生可能存在的误区或理解不准确的地方。及时地发现并纠正这些问题，可以有效避免学生在学习过程中形成错误的认知，为他们打下扎实的学科基础。

除了纠正误区，即时问答环节还为教师提供了给予学生正确回馈的机会。对于正确回答问题的学生，及时的正面鼓励和肯定可以增强学生的学习动力，让他们感受到自己的努力得到了认可。这种正面的反馈对于建立学生学习信心和自信心具有积极的影响。

综合而言，即时问答环节作为实时反馈与评估机制的一部分，为电子商务教学提供了一种有效的互动模式。通过这种方式，学生能够更主动地参与学习，教师也能够更全面地了解学生的学习状况，实现了教学过程的及时调整和优化。

2. 小组讨论的应用

实时反馈在电子商务教学中的另一种应用方式是小组讨论。小组讨论为学生提供了一个有益的学习平台，通过合作探讨问题和分享观点，学生能够更深入地理解课程内容，并从同学中获得不同的思考和见解。

在小组讨论中，学生被分成小组，每个小组负责讨论特定的问题或主题。教师可以提供相关的讨论材料或情境，引导学生进行深入思考。通过这种形式，学生被激发主动参与，分享自己的理解，并从他人的经验和观点中学到新的知识。

教师在小组讨论中的角色也变得更加具有引导性。他们可以巧妙地设计讨论问题，确保问题的复杂性和深度，促使学生从多个角度思考。通过观察小组讨论的过程，教师能够了解每个学生的学术水平、表达能力和团队协作精神。

同时，实时反馈也可以通过教师在小组讨论中的参与来实现。教师可以在适当的时候介入讨论，解答学生提出的问题，澄清可能存在的误解，并对出色的讨论表现给予正面的反馈。这种及时的互动不仅提高了学生对课程内容的理解，还培养了他们的团队合作和沟通能力。

对于学生而言，小组讨论提供了一个开放的学术平台，使他们能够在同伴之间共同学习和成长。通过共同解决问题，学生建立了更紧密的关系，增强了学习的社交性和趣味性。这种互动方式有助于打破传统教学中的孤立学习模式，促使学生更积极地参与学术讨论中，实现了实时反馈与互动的有机结合。

3. 及时评估的重要性

及时评估在电子商务教学中具有重要的意义。实时反馈强调了对学生学习进展的及时评估，通过这种机制，教师能够在教学过程中随时了解学生的学术水平、理解程度及对课程内容的掌握情况。这种及时评估不仅有助于教师更好地调整和优化教学方法，也能够激发学生更积极地参与学习过程。

首先，及时评估有助于提高学生的学习动机。通过在课堂上及时获取学生的反馈，教师可以了解到学生对所学知识的理解情况及可能存在的困惑点。及时解答疑惑、纠正错误，能够让学生感受到自己的学习进步，从而增强学习的成就感和自信心，进而提高学习的积极性。

其次，及时评估有助于调整教学策略。电子商务领域的知识更新迅速，而且涉及面广泛，因此需要灵活的教学策略以适应不断变化的需求。通过实时了解学生的学习情况，教师可以及时调整教学方法和内容，确保学生能够更好地理解和应用电子商务知识。

另外，及时评估有助于个性化教学。不同学生在学习上存在差异，有的可能需要更多的帮助和指导，而有的可能已经掌握得比较熟练。通过及时评估，教师可以更好地了解每个学生的学习需求，有针对性地提供个性化的辅导和支持，帮助学生更好地发挥自己的潜力。

综上所述，及时评估是电子商务教学中不可或缺的环节。实时反馈和评估，不仅能够提高学生的学习动机和积极性，还能够使教学更具针对性和灵活性，从而更好地满足学生的学习需求。

（二）项目成果展示与分享

1.项目成果展示的机会

项目成果展示与分享是电子商务教学中的一项重要激励机制，为学生提供了展示自身成就的宝贵机会。组织学生展示在团队项目中所取得的成绩，不仅能够展示个体的专业知识和实践能力，同时也为整个团队的协作成果提供了展示平台。

首先，项目成果展示为学生提供了展示专业技能的机会。在电子商务领域，实际操作和实践经验对于学生的职业发展至关重要。通过项目成果展示，学生能够向同学和教师展示他们在项目中所运用的专业知识和技能，彰显自身在电子商务领域的实际能力。

其次，项目成果展示激发了学生的学术兴趣和自信心。在展示自己的成果时，学生需要对项目中所涉及的问题、挑战及解决方案进行清晰而有深度的阐述。这种表达过程不仅促使学生更深层次地理解所学知识，还培养了他们在学术交流中表达观点的能力，提高了自信心。

此外，项目成果展示也是对学生团队协作能力的肯定。在电子商务领域，很多项目需要团队协作来完成，展示项目成果时，学生能够凸显整个团队的协作成果，增强了团队的凝聚力和信任感。

综上所述，项目成果展示与分享作为激励机制的一部分，不仅是对学生个体成就的认可，也是对整个团队协作的肯定。通过这种形式的激励，学生在展示自身成果的过程中不断提升专业水平，培养学术兴趣，同时巩固团队协作能力。这种经验不仅对学生的学业发展有益，也为其未来的职业发展奠定了坚实基础。

2.奖励制度的建立

奖励制度的建立是电子商务教学中的关键一环，旨在激发学生的学习积极性，提高其在项目中的投入和表现。引入奖励机制，为出色的项目或个人提供认可和鼓励，可以有效地推动更多学生参与到电子商务项目中来。

首先，奖励机制的建立可以通过评选出色的项目来进行。在电子商务课程中，学生通常需要参与到各种项目中，包括实际案例分析、团队合作项目等。设立评选机制，对在项目中表现出色的团队或个人进行认可，并给予奖励，既是对其努力和成就的正面肯定，也是对其他学生的激励。

其次，奖励形式可以多样化，包括证书、奖金或其他形式的荣誉。证书作为一种象征性的荣誉，可以记录学生在项目中的优异表现，成为未来求职时的有力证明。奖金则是一种直接的物质激励，能够为学生提供一定的实际回报，增强其对学习的积极性。其他形式的荣誉，例如学术交流会的发言机会、行业专家的认可等，也能够为学生提供更广泛的学术和职业机会。

此外，奖励制度的建立还有助于增强学生的竞争意识。通过竞争，学生将更加努力地追求卓越，争取获得奖励。这种竞争意识不仅体现在个人层面，还能够激发团队之间的竞争，推动整个课程的活跃发展。

奖励制度的建立为电子商务教学注入了一种积极向上的动力。通过奖励机制，学生在电子商务项目中的投入度将大大提高，学习积极性也将逐步增强。这种正向循环有助于构建一个积极向上的学习氛围，为学生的全面发展和未来职业生涯的成功奠定坚实基础。

3. 自豪感与成就感的培养

通过项目成果展示与分享，学生不仅在同学和教师面前展示了他们在电子商务项目中的努力和成果，更重要的是在这个过程中培养了自豪感和成就感。这种情感体验对于学生的学习动力和兴趣激发起到了积极的作用，进一步推动他们更深度地投入到电子商务领域的学术和实践探索中。

首先，项目成果展示为学生提供了展示自我价值的平台，使他们能够清晰地看到自己在项目中所做出的贡献和取得的成就。这种自我认知的提升激发了学生的自豪感，让他们对自己的学术和实际能力有了更为明确和积极的认识。

其次，通过分享项目成果，学生还能够得到同学和教师的认可和肯定。同学的赞许和教师的肯定不仅是对学生努力和付出的肯定，也是对他们学术能力的认可。这种外部的正面反馈进一步强化了学生的自信心，培养了他们对自身潜力的信心。

在这个过程中，自豪感和成就感的培养不仅仅停留在项目本身，更渗透到学生对整个电子商务领域的兴趣中。学生由此感受到学习的乐趣，对未来的学术和职业发展充满期待。这种正面的情感体验使学生更加愿意投入时间和精力，深度挖掘电子商务领域的知识，掌握先进的技术和实践经验。

通过项目成果展示与分享，学生得以体验到自豪感和成就感，这种情感体验在激发学生学习兴趣、提升自我认知、增强自信心等方面发挥着重要的作用。这种积极的情感体验将为学生的全面发展和未来的职业生涯奠定坚实的基础。

（三）竞赛与奖励体系

1. 竞赛的多样性

引入电子商务领域的竞赛和奖励体系的多样性对于学生的全面发展和激发学术热情具有重要意义。这种多样性不仅体现在竞赛的形式上，还包括竞赛内容的多元性，涵盖技术创新、商业策略等多个方面。

首先，竞赛形式的多元性使得学生有更多选择的空间，可以根据个人的兴趣和特长选择参与的竞赛。有的学生可能更喜欢技术创新的竞赛，通过研究和设计新型电子商务技术来展示自己的技术水平；而有的学生可能更关注商业策略，通过制定市场营销方案或商业模式来展现自己的商业智慧。这样的多样性能够满足不同学生的需求，使得更多人能够找到适合自己的竞赛项目，激发他们更大的学术热情。

其次，竞赛内容的多元性进一步拓宽了学生的视野。电子商务领域涉及众多方面，包括但不限于技术、市场、管理等，而竞赛内容的多元性能够涵盖这些不同的领域。这样一来，学生在参与竞赛的过程中不仅能够深入研究自己感兴趣的领域，同时也能够接触和了解其他领域的知识。这种全面性的学科涉猎有助于培养学生的综合能力，使他们更具有跨领域的视野和思维。

最后，多元性的竞赛和奖励体系还有助于推动电子商务领域的创新和发展。技术创新和商业策略的竞赛可以吸引更多富有创造力的学生参与，为电子商务领域注入新的活力。不同领域的竞赛也可以促使学生在多方面发展，培养更全面的能力，为未来的职业生涯做更好的准备。

2. 奖励的激励作用

设立奖励体系，将学生或团队的优异表现与荣誉和奖励相联系，对于促进学术积极性和激发深度学习兴趣起到了重要的激励作用。

首先，奖励的设立能够提高学生的学术动力。学生在电子商务领域的学习和实践中面临各种挑战，而奖励体系为他们提供了明确的目标和动力。通过优异表现能够赢得奖励，学生更有动力投入学业，积极参与各类学术活动和项目。这种明确的奖励机制使得学生在追求个人发展的同时，也为整个学术环境注入了积极向上的动力。

其次，奖励体系有助于形成学术竞争氛围。通过竞赛和奖励的设立，学生之间会形成一种积极的竞争关系，相互激发学术潜力。在争取奖励的过程中，学生将更加努力地提升自己的学术水平，不断拓展知识面和技能，从而推动整个学术环境的进步。这种竞争氛围有助于培养学生的进取心和自主学习的精神，为他们未来的职业生涯奠定坚实基础。

最后，奖励体系能够激发学生更深度的学习兴趣。获得奖励不仅是对学生努力的认可，也是对他们学术成就的一种鼓励。这种正向激励能够让学生更加热爱学术研究和实践，进而深入探究电子商务领域的知识。学生在获得奖励的过程中，会对学科产生更浓厚的兴趣，愿意主动深入学习，不断追求卓越。

3. 与实际竞争结合

将竞赛与实际行业的需求有机结合，使学生参与的竞赛更具实际意义，这不仅能够培养他们的实际应用能力，同时也提高了其在职业生涯中的竞争优势。通过这一激励机制，学生能够更好地理解电子商务领域的最新趋势、技术创新和市场需求，为未来的职业发展做好充分准备。

首先，竞赛与实际行业的结合能够使学生直接面对业界最新的挑战和需求。这种实际性的竞争机制让学生深入了解电子商务领域的动态，促使他们在竞赛中提出更创新的解决方案。通过面对实际问题的竞争，学生将更好地理解行业的复杂性，培养解决实际问题的能力。

其次，这一激励机制有助于培养学生的实际应用能力。参与电子商务竞赛的学生通常需要运用所学的理论知识解决实际问题，模拟真实业务环境。这样的实际应用锻炼使学生能够更好地将学术理论与实际操作相结合，为将来进入职场打下坚实基础。

同时，学生通过竞赛了解业界最新趋势、技术创新和市场需求，有助于提前适应行业的变化。电子商务领域发展迅速，行业需求日新月异，通过竞赛，学生能够更早地接触到最新的业界信息，培养对行业动态的敏感度，为未来的职业生涯做好持续学习的准备。

最后，结合实际行业的竞赛机制为学生提供了在职业生涯中更强大的竞争优势。具有实际竞争经验的学生更容易融入职场，因为他们已经具备了在真实工作环境中解决问题和应对挑战的能力。这种实际竞争经验将使学生在职场中更具有竞争力，更容易脱颖而出。

将竞赛与实际行业的需求结合是一种有效的激励机制，能够培养学生的实际应用能力，提高其在职业生涯中的竞争优势，同时让他们更好地适应电子商务领域的不断变化。这一机制不仅有益于学生个体的成长，也为整个行业注入了更多创新力量。

（四）个性化学习计划与指导

1. 个性化学习计划的制订

制订个性化的学习计划是激励机制中的重要环节，通过了解每位学生的学科偏好、兴趣爱好和职业规划，教师可以为其量身定制合适的学习路径。这种个性化的学习计划不仅有助于激发学生的学习兴趣，还能够使其更有动力投入电子商务课程中。

首先，个性化学习计划能够充分考虑学生的学科偏好。不同学生在电子商务领域可能有不同的偏好，有些学生更倾向于技术方向，而有些可能更关注商业策略或市场营销。通过了解学生的个体差异，教师可以有针对性地为其设计相应的学习计划，使其更好地发挥个人优势。

其次，个性化学习计划还需考虑学生的兴趣爱好。将课程内容与学生感兴趣的领域结合起来，有助于提高学习的吸引力。例如，如果学生对电子商务领域中的创新技术感兴趣，可以在学习计划中增加相关的深度技术课程，以满足其兴趣需求，同时提高学习的趣味性。

另外，了解学生的职业规划也是制订个性化学习计划的重要因素。不同的职业方向对知识和技能的需求有所不同，因此，教师可以通过与学生进行职业规划的深入交流，根据其未来职业的要求，调整学习计划，使学生更好地迎接职业挑战。

个性化学习计划的设计还应该考虑学生的学科水平和学习节奏。一些学生可能已经在某些领域有较强的基础，需要更深入地拓展学习，而另一些学生可能需要更多的时间来理解基础知识。因此，个性化学习计划可以根据学生的学科水平和学习节奏，提供灵活的学习安排，使每名学生都能够在适当的层次上取得进展。

2. 个性化指导的实施

个性化指导的实施是一项关键的激励机制，通过为学生提供专业、有针对性的辅导，可以更好地满足其学术需求，促进其在电子商务领域的专业素养发展。以下是该机制的具体实施方式和效果：

首先，个性化指导应该充分考虑学生的学科特长和短板。通过定期与学生进行面谈和在线沟通，教师可以了解学生在电子商务课程中的学术表现，发现其在某些领域的优势和有待提高之处。根据这些信息，教师可以制订个性化的指导计划，重点关注学生的学科特长，同时有针对性地帮助其克服学术上的困扰，提高整体学术水平。

其次，个性化指导的一个重要目标是帮助学生更好地理解课程内容。通过与学生深入交流，教师可以发现学生在某些知识点上可能存在的理解困难。针对这些问题，教师可以提供更加详细和个性化的解释，采用多种方式引导学生理解，包括案例分析、实例讲解等。通过这种方式，学生能够更全面、深入地理解电子商务领域的复杂知识，增强学术自信心。

此外，个性化指导还可以通过为学生提供专业建议和发展方向来实现。了解学生的兴趣和职业规划后，教师可以为其制订有针对性的学术发展计划，推荐相关领域的深入学习和实践。这种个性化的指导有助于学生更好地规划自己的学术发展道路，提高电子商务领域的专业素养。

个性化指导机制的实施效果在于提高学生的学术水平和自信心。学生在得到专业的辅导和关注后，更容易克服学术困难，提高学科水平。同时，个性化指导也能够增强学生对电子商务领域的热情，使其更加积极主动地参与学术探索和实践活动。

个性化指导是一项具有重要意义的激励机制，通过个性化的辅导方式，帮助学生更好地发展自己的学术能力，提高对电子商务领域的专业认知，为其未来职业发展奠定坚实基础。

3.学业规划的辅导

学业规划的辅导是一项关键的激励机制，旨在为学生提供全方位的支持，帮助其更好地规划学术和职业发展。通过对学生的职业志向和发展目标进行深入了解，教师可以制定个性化的学业规划，促使学生更好地对未来进行规划和决策。

首先，学业规划的辅导应该始于对学生个体的了解。教师可以通过面谈、问卷调查等方式，了解学生的兴趣、特长、职业志向及对电子商务领域的认知。通过全面了解学生的背景和目标，教师能够更准确地为其量身定制学业规划，使其在学术和职业方面更好地契合个体需求。

其次，学业规划的辅导应该涵盖学术和职业两个方面。在学术方面，教师可以根据学生的学科兴趣和发展方向，为其推荐相关的选修课程、研究方向及参与学术活动的机会。这有助于学生更好地深耕自己感兴趣的领域，拓展知识广度和深度。

同时，在职业方面，学业规划的辅导应该包括实习、实践、就业等方面的建议。教师可以向学生介绍相关行业的发展趋势，推荐适合其发展方向的实习机会，提供关于求职技巧和职业素养的培训。这有助于学生更好地了解电子商务行业的实际运作，提前规划自己的职业生涯。

另外，学业规划的辅导还应强调长期发展。教师可以与学生一起设定短期、中期和长期的学术和职业目标，帮助其建立系统的发展计划。这有助于学生更有目标地进行学业规划，为未来的职业发展做好全面准备。

最后，学业规划的辅导应该是一个动态的过程。随着学生的学业和职业发展，教师需要与学生保持密切的沟通，及时调整和更新学业规划。这有助于确保学生的规划与实际情况相符，提高规划的灵活性和可行性。

4.学术支持的提供

在个性化学习计划中，还包括提供学术支持。这可以包括额外的学术资源、课外阅读推荐等。通过为学生提供更多的学术支持，教师能够帮助他们更好地理解课程内容，提高学术成绩，从而增加学生对学习的积极性。

第四章 电子商务实验教学设计

第一节 课程设计与目标设定

一、电子商务实验教学的基本目标

（一）增强学生对电子商务技术的运用能力

1. 提升对关键技术的认知与掌握

电子商务实验教学的首要目标之一是通过实践环节，深化学生对电子商务技术的理解与应用。在实验活动中，学生将全面涉足关键技术领域，包括但不限于电子认证中心系统、电子数据交换训练系统、虚拟网上银行系统等。这些技术作为电子商务的核心构成部分，为学生提供了深入学习和实践的机会。

在电子认证中心系统的实验中，学生将能够深入了解数字证书的生成、管理和应用，从而掌握电子商务中安全通信的重要技术手段。通过电子数据交换训练系统的实践，学生将了解电子数据交换的流程，熟悉标准的电子数据交换文档格式，培养在企业间电子数据交换方面的操作技能。而通过虚拟网上银行系统的实际操作，学生将具体了解电子支付、在线金融服务等方面的关键技术，为将来从事与金融相关的电子商务工作打下坚实的基础。

这些实验活动不仅仅是对技术的简单应用，更是通过实际操作让学生在动手中深化对技术的理解。学生将不仅仅停留在理论层面，而是通过亲身实践，将抽象的技术概念转化为具体的操作技能。这种过程使得学生在未来职业发展中能够更加从容地应对各种复杂的技术挑战。

通过实验教学，学生将形象地认识和掌握关键技术的操作与应用，为其未来的职业生涯奠定坚实的技术基础。这种基础不仅仅是知识上的积累，更是一种能够在实际工作中灵活应用技术的实践能力。这样的教学理念旨在培养具有扎实技术基础的电子商务专业人才，使他们在日后的职业发展中更具竞争力。通过这一目标，电子商务实验教学将学生带入一个理论与实践相结合的学习环境，促使他们更好地适应电子商务领域的发展和变化。

2. 培养建设、维护和操作网站的技术能力

电子商务实验教学着眼于培养学生在 Web 浏览器 / 服务器模式信息系统中建设、维护和操作网站的基本技术能力，将理论知识与实际操作相结合，致力于为学生打下坚实的技

术基础。通过实际操作的深入学习，学生将能够熟练运用相关技术，从而在实际商业环境中具备搭建和维护电子商务平台的能力。

在实验教学中，学生将直接参与网站建设的各个环节，从规划、设计到上线，贯穿整个过程。通过对不同阶段的实际操作，学生不仅仅理解网站建设的理论知识，更能够将其转化为实际技能。在实际操作中，学生将面对各种挑战，例如优化用户体验、保障网站安全性等，从而培养解决实际问题的能力。

实验教学的一个关键点是使学生在实践中熟悉技术操作。这不仅包括对各种建站工具和平台的熟练应用，还涉及对代码编写和调试的实际操作。通过这样的实践经验，学生将能够更深刻地理解网站建设的技术细节，为未来的职业生涯积累宝贵的经验。

培养学生在实际商业环境中搭建和维护电子商务平台的能力，不仅仅意味着技术操作的熟练，更包括对商业需求的理解。学生在实验中将学会如何结合技术能力和商业目标，确保网站的功能符合商业战略。这种综合能力的培养使学生在未来的职业发展中更具竞争力。

总体而言，电子商务实验教学旨在通过实际操作，培养学生在 Web 浏览器 / 服务器模式信息系统中建设、维护和操作网站的基本技术能力。这种实践经验不仅使学生熟悉技术操作，更使其在未来的职业中更具竞争力，为其成为电子商务领域中技术能力卓越的专业人才奠定了坚实的基础。

（二）加深对电子商务流程与实现机制的认识

1. 模拟真实电子商务活动的过程

电子商务实验教学为学生提供了一个模拟真实电子商务活动的平台，通过实验活动的本质，学生得以深入了解电子商务的流程与实现机制。这不仅仅是对理论知识的延伸，更是对电子商务运作模式的深刻认知。通过这一实践性的学习方式，学生得以全面认识、验证、应用和创新电子商务的理论知识，培养解决实际问题的能力。

在模拟的电子商务活动中，学生将参与整个流程，从市场营销到销售、再到售后服务。通过对各环节的实际操作，学生将更好地理解电子商务的全过程。例如，学生可能需要在一个虚拟的电子商务平台上创建产品页面、制定数字营销策略、处理在线支付及设计售后服务方案等。这种全方位的参与让学生更深入地理解商业活动中的各个环节，并为他们未来的职业生涯提供了丰富的实践经验。

通过这些模拟活动，学生不仅仅能够应用已学知识，还能够面对真实情景中的挑战，培养解决实际问题的能力。例如，在虚拟市场竞争中，学生可能需要调整战略以应对竞争对手的变化，从而培养了灵活应对市场变化的能力。这种实际操作的学习方式，使得学生不再局限于书本知识，而是能够将理论知识更灵活地应用于实际业务场景。

这样的实验教学模式有助于学生培养创新思维，通过在模拟环境中提出新颖的解决方案，激发学生对电子商务领域的创新兴趣。学生不仅仅学到了如何应对常见问题，更能够通过实际操作中的创新实践，为未来电子商务领域的发展贡献自己的智慧。

电子商务实验教学通过提供模拟真实电子商务活动的机会，深化了学生对电子商务的理解，强化了其在电子商务领域的实践能力。这种综合性的学习体验不仅有助于学生全面认知电子商务的理论知识，更培养了他们解决实际问题的能力和创新思维，为未来职业生涯的成功奠定了坚实基础。

2.增强对电子商务运作模式的创新思维

电子商务实验教学致力于在模拟电子商务活动中培养学生的创新思维，通过实际操作提高学生对电子商务流程的了解，并为其未来在电子商务领域进行创新奠定坚实基础。这一教学模式通过激发学生的创新意识，旨在超越简单的理论学习，使其在实践中更好地理解理论知识的应用，并为未来创新性问题的解决提供强有力的支持。

在模拟电子商务活动中，学生将直接参与到虚拟商业环境中，从市场调研、产品设计到销售策略的制定，全方位参与商业运作的各个环节。通过这种全过程的参与，学生不仅仅对电子商务的各个方面有了更深刻的认识，同时也培养了跨学科思考的能力。实际操作不仅仅是理论知识的应用，更是一个创新的过程，学生在操作中将理论知识与实际问题相结合，提出创新性的解决方案。

这种教学模式对学生创新思维的培养具有深远的影响。通过实践中的创新实践，学生将逐渐培养独立思考、解决问题的能力。在模拟环境中，学生可能会面临虚拟市场的竞争、消费者的需求变化等情境，这促使学生思考如何创新产品、调整市场战略以适应不断变化的环境。这种创新思维不仅对学术研究具有推动作用，同时也使学生更具备将所学理论知识灵活应用于实际问题的能力。

在电子商务实验教学中，学生将不仅仅停留在理论知识的学习，而是通过实际操作体验到创新的力量。这有助于激发学生对电子商务领域的热情，培养其在未来职业生涯中具备对新问题的开放性思维和创新性解决问题的能力。这种创新思维的培养不仅符合电子商务领域的需求，也为学生在未来职业中取得更大的成功打下了坚实的基础。

（三）增强学生综合运用商务与技术的能力

1.结合信息技术与经济管理理论

电子商务实验教学旨在培养学生综合运用商务与技术的能力，通过将信息技术与各种经济管理理论相结合，促使学生在电子商务领域具备更为全面的素养。这一教学目标强调的不仅仅是技术应用的单一层面，更注重学生在商务运营中的综合应用能力。

在实验教学中，学生将面临将信息技术与商务理论相结合的任务。他们可能需要通过对大数据的分析，结合市场营销理论，制定个性化的数字营销策略，又或者在虚拟经济环境中，通过电子商务平台运作的实际操作，将信息技术融入商业模型，从而优化运营效率。这样的实际操作让学生从多个角度理解并运用信息技术，拓展了他们的商务思维。

通过综合运用商务与技术，学生将能够更全面地理解电子商务的本质。在这个过程中，他们不仅仅关注技术的具体应用，更注重如何将技术嵌入商务运营中，使之更好地服务于商业目标。学生将理解信息技术在电子商务领域的战略地位，如何为企业创造价值，以及如何应对商业挑战。

这样的教学理念有助于培养学生在商务领域的创新能力。通过将技术与商务理论相结合，学生将不仅仅局限于学科的单一视角，而是能够更灵活地思考和解决复杂的商业问题。他们可能通过数字化创新，提出改进商业模型的方案，促使企业更好地适应快速变化的市场环境。

综合运用商务与技术能力的培养，不仅在理论学习中发挥作用，更在实际操作中得以体现。通过实验教学，学生将在综合运用商务与技术的实践中锤炼技能，培养综合素养，使其在未来的职业生涯中更具竞争力。这种综合性的学习经验为学生提供了更为全面的视野，使其在电子商务领域更加游刃有余。

2.参与电子商务模拟大赛与创新策划

电子商务实验教学鼓励学生积极参与电子商务的模拟大赛，并在其中进行解决方案与创新策划的模拟训练。这一鼓励旨在为学生提供一个实际情境的学习平台，以进一步提高他们在电子商务领域运用所学知识的实际能力，并同时锤炼创新创业的核心能力。通过参与这类比赛，学生能够在模拟的竞争环境中面对各种商业挑战，为未来的职业生涯做好充分准备。

在电子商务模拟大赛中，学生将身临其境地体验电子商务领域的竞争与合作。通过与其他团队的较量，他们将直接应用所学知识，提出创新的解决方案，并进行实际的业务策划。这种模拟训练不仅是对理论知识的应用，更是对团队协作和创新思维的实际锤炼。学生将在这个过程中体验商业环境的复杂性，从而培养出更加全面、灵活的商业素养。

创新创业能力的锤炼是电子商务实验教学的重要目标之一。通过模拟大赛与创新策划的实践，学生将有机会深化对创新的理解，并在模拟情境中进行创业思维的实际应用。在解决方案的设计中，学生可能会面临产品创新、市场营销、战略规划等多个层面的挑战，从而全面提升其解决实际问题的能力。

此外，电子商务模拟大赛的参与还能够培养学生的团队协作和沟通技能。在团队合作的过程中，学生需要有效地与团队成员协商、分工合作，这对于日后在职业生涯中与他人合作解决问题至关重要。这种实践性的学习经验将使学生在未来职场中更具备协作精神与领导力。

3.撰写商业策划书与提升能力

电子商务实验教学通过商业策划书的撰写，为学生提供了一个综合运用理论知识与实践经验的平台。这一实践性的任务不仅提高了学生的文字表达能力，更重要的是促使他们将电子商务技术有机地应用于实际业务中，达到理论与实践相结合的目标。在这一过程中，学生既需要理解和运用电子商务的相关技术，也需要将其融入商业策划中，形成切实可行的商业计划。

商业策划书的撰写要求学生全面考虑业务方案的各个层面，涵盖市场调研、产品设计、销售策略、财务规划等多个方面。通过深入研究与分析，学生能够更好地理解和应用电子商务技术，同时培养了在商业领域进行全面思考的能力。这一过程迫使学生深入挖掘商业问题，寻找创新型的解决方案，从而培养了其在未来实际业务中解决问题的能力。

商业策划书的撰写旨在让学生将理论知识灵活应用于实际业务场景，进一步提升其在电子商务领域的综合运用能力。学生需要了解市场需求、竞争态势，制定适应时局的战略，使得他们在商业领域中具备更为全面的素养。这种实践性的学习经验不仅仅是对电子商务知识的巩固，更是对学生综合素养的深化与提升。

商业策划书的撰写过程不仅考察了学生对电子商务领域的深度理解，更锤炼了他们的团队协作与沟通技能。在商业策划的过程中，学生需要与团队成员合作，共同思考、讨论、提出解决方案，培养了协同合作的团队精神。这对于学生未来在职业生涯中与他人协作解决实际问题至关重要。

总体而言，通过商业策划书的撰写，电子商务实验教学将理论知识与实际业务相结合，促使学生在电子商务领域综合运用商务与技术的能力得到全面提升。这种实践性的学习经验为学生提供了更为全面的视野，使其在未来商业领域更加游刃有余。

二、实验环节在课程设计中的定位

（一）辅助理论知识的巩固与应用

1.辅助理论知识的巩固与应用

（1）实践理论知识的有效手段

实验环节作为电子商务课程设计的关键组成部分，旨在成为学生实践理论知识的有效手段。通过将理论知识与实际操作相结合，学生得以在实验项目中应用所学的知识，促使他们更深刻地理解和牢固地巩固课堂学到的理论内容。实验项目的设计应着眼于提供具体的场景和问题，让学生亲身经历并解决真实的电子商务挑战，从而加深他们对理论知识的印象。

（2）知识运用能力的培养

实验环节不仅仅是巩固理论知识的场所，更着眼于培养学生的知识运用能力。通过实验项目的设计，学生需要将抽象的理论知识应用于实际操作，解决实际问题。这种过程促使学生培养出将知识转化为实用技能的能力，为他们未来在电子商务领域的职业生涯提供坚实的基础。

（3）深化对理论概念的理解

实验环节为学生提供了一个深化对理论概念理解的平台。通过实际操作中遇到的问题和挑战，学生被激发主动探索、分析和解决问题的欲望。这种积极性推动学生更全面、更深刻地理解课堂上学到的理论概念，使他们能够将理论与实践相结合，形成系统化的知识体系。

2.创设真实商业环境的模拟

（1）实际业务场景的还原

实验环节的另一个关键定位是创设真实商业环境的模拟。通过实验项目的设计，尤其是在模拟真实业务场景中，学生将有机会体验商业运作的各个方面。这种模拟有助于学生更好地适应未来可能面临的商业挑战，提前培养实际应对问题的经验。

（2）低风险环境中的实际体验

创设真实商业环境的模拟并不是将学生置于真实商业风险中，而是在相对低风险的环境中提供实际体验。这样的设计旨在平衡学生的学习需求和实践风险，使其能够在受控的环境中尽情探索和学习。

（3）提前培养实际应对问题的经验

通过在模拟环境中解决真实商业问题，学生能够提前培养实际应对问题的经验。这种经验是在未来职业生涯中能够更从容、更果断地应对各种挑战的关键因素。

3.提供多样化的实验项目选择

（1）符合个人发展方向的选择

实验环节的设计应着眼于提供多样化的实验项目选择，以满足学生不同的兴趣和专业方向。通过多样性的项目，学生可以更灵活地选择符合个人发展方向的实验内容。这种个性化的选择能够激发学生的学术热情，使其更好地发挥自己的潜能。

（2）促使学生更全面发展

不同类型的实验项目能够促使学生更全面地发展。一方面，涉及技术、商业策略、团队协作等多个方面的实验项目有助于学生形成全面的电子商务素养。另一方面，个体项目和团队项目的选择性参与使学生能够根据个人发展需要更有针对性地参与实验。

（3）激发学生学术热情

提供多样化的实验项目选择不仅仅是为了满足课程的多样性，更是为了激发学生的学术热情。通过参与自己感兴趣的实验项目，学生将更加投入和积极地参与学术活动。这种激情有助于培养学生对电子商务领域的深入兴趣，推动他们在课程中更进一步地学习和探索。

（二）创设真实商业环境的模拟

1.为学生提供真实商业体验

（1）实际操作的机会

实验环节在课程设计中被明确定位为为学生提供真实商业体验的平台。通过提供实际操作的机会，学生能够在模拟的电子商务场景中应用他们在课堂上学到的理论知识。这种实际操作不仅仅是为了完成实验要求，更是为了让学生感受和理解电子商务领域的实际运作。

（2）体验商业运作的多方面

实验项目的设计应当涵盖电子商务领域中商业运作的多方面。这包括但不限于供应链管理、市场营销策略、消费者体验设计等方面的实际操作。通过这样的多角度体验，学生将更全面地了解电子商务业务的运作模式和关键要素。

（3）感受真实商业环境的挑战与机遇

通过模拟真实商业环境，学生将能够感受到商业运作中的挑战与机遇。在模拟情境中，他们可能会面对市场竞争、消费者需求变化等实际问题，从而培养其对商业环境的敏感性和适应性。这样的体验有助于提高学生在未来职业中应对各种商业情境的能力。

2.预先培养实际应对问题的经验

（1）实际应对问题的场景

实验项目的设计旨在预先培养学生实际应对问题的经验。通过在实验中模拟商业环境，学生将置身于真实问题的解决场景。这种实践使得学生能够提前面对并解决在实际工作中可能遇到的电子商务业务问题。

（2）增强业务问题的应对能力

实验中的模拟情境能够增强学生对业务问题的应对能力。他们可能需要制定解决方案、优化业务流程、应对紧急情况等，这种经验的积累将使学生更具有应变和解决问题的能力。这对于未来在电子商务领域从业的学生而言，是一项宝贵的能力。

（3）为未来职业发展提供实际经验基础

通过在实验中积累实际应对问题的经验，学生将为未来职业发展奠定实际经验基础。这种提前感知和解决问题的机会，使学生更加有信心、有准备地投入到未来的电子商务职业生涯中。这对于他们的职业发展具有积极的推动作用。

在创设真实商业环境的模拟中，实验环节不仅提供了实际操作的机会，更通过多方面的体验让学生感受真实商业环境的挑战与机遇。同时，预先培养实际应对问题的经验，为学生未来的职业发展提供实际经验基础。这一定位旨在通过实践操作和问题解决，使学生更好地适应电子商务领域的实际运作。

（三）提供多样化的实验项目选择

1.满足不同学生的兴趣和专业方向

（1）差异化设计的意义

实验环节在课程设计中的定位强调提供多样化的实验项目选择，以满足不同学生的兴趣和专业方向。这种差异化设计旨在让学生更灵活地选择符合个人发展方向的实验内容，激发他们对电子商务领域的学术热情，更好地发挥个体潜能。

（2）个性化发展路径

提供多样化的实验项目选择意味着为学生打造个性化的发展路径。不同的学生具有不同的兴趣和专业方向，通过提供多样性的实验项目，学生可以更自主地选择符合自身发展需求的课程内容，从而更有动力地参与学习。

2.促进跨学科知识的整合

（1）知识整合的必要性

多样化的实验项目选择不仅仅关注电子商务领域内的知识，还应促进跨学科知识的整合。这种整合有助于学生超越狭隘的领域界限，拓宽视野，培养跨学科思维能力，使其更具综合性的学科素养。

（2）实践中的跨学科融合

通过选择不同方向的实验项目，学生有机会将不同学科的知识相互整合。例如，在电子商务的市场营销实施中，学生可以结合心理学知识分析消费者行为。这样的实践使得跨学科知识在实际问题解决中得以应用，提高学生的综合素养。

3.培养实际问题解决的广泛能力

（1）实验项目的广泛涵盖

多样化的实验项目涵盖了电子商务领域的各个方面，从供应链管理到市场营销，再到消费者体验设计。这种广泛涵盖培养了学生解决实际问题的广泛能力，使其具备更全面的业务素养。

（2）应对多样化业务挑战

在未来职业中，学生将面对多样化的业务挑战。通过参与各类实验项目，学生将学会从不同角度思考和解决问题，培养应对多元化业务挑战的能力，增强其在职业领域中的竞争力。

提供多样化的实验项目选择不仅仅满足学生个性化的需求，更通过促进跨学科知识的整合和培养实际问题解决的广泛能力，使学生更全面地发展，为未来电子商务领域的职业挑战做好充分准备。

（四）培养实际创新能力

1.引导学生参与创新型实验项目

（1）实验环节中创新能力的关键性

实验环节作为培养学生实际创新能力的关键场景，其首要任务在于引导学生参与创新型实验项目。通过为实验项目设计激发创新思维的任务，学生将在实践中体验到创新的乐趣和重要性，培养对新颖想法和解决方案的浓厚兴趣。

（2）任务设计的创新性

实验项目的任务设计应注重创新性，鼓励学生挑战传统思维，提出独特的观点和解决方案。这种设计使学生在实践中不断锻炼创新思维，为未来电子商务领域的发展贡献创新动力。

2.提供解决复杂问题的机会

（1）复杂问题背后的挑战与机遇

创新型实验项目的设计应着眼于提供解决复杂问题的机会。学生将面临更具挑战性的任务，需要超越传统框架，寻找独特的解决途径。这样的实践不仅锻炼学生在创新中的灵活性，还培养他们在未知问题面前的自信和解决能力。

（2）实践中的创新思维培养

在解决复杂问题的实践中，学生将逐渐培养创新思维。通过面对各种未知挑战，他们将学会运用创新性思考来分析和解决问题，为未来的职业发展打下坚实基础。

3.培养团队协作与创新的结合能力

（1）团队协作的重要性

实验环节的定位还在于培养团队协作与创新的结合能力。通过组织实验项目，鼓励学生在团队中共同追求创新，培养他们在协同工作中产生创新性解决方案的能力。这种结合能力是电子商务领域中日益重要的素质，有助于学生更好地适应未来工作环境。

（2）创新型团队协作的实际应用

通过实际的创新型团队协作，学生将学会如何在协同工作中调动团队成员的创意潜能，产生协同效应。这不仅有益于实验项目的成功完成，还培养了学生在未来团队合作中推动创新的能力。

培养实际创新能力不仅仅是为了应对未来电子商务领域的挑战，更是为了培养学生在任何行业都能够成为富有创造力和领导力的专业人才。通过引导创新型实验项目和提供解决复杂问题的机会，结合团队协作，学生将在实践中不断提升创新能力，为未来的职业生涯奠定坚实基础。

（五）强调实验结果的实际应用

1. 实验结果与真实业务场景的连接

（1）实验结果的实际意义

实验环节将实验结果与真实业务场景相连接，是为了更清晰地强调实验的实际应用和意义。通过将实验项目的成果直接与电子商务领域的真实业务问题相联系，学生能够更深刻地理解实验的实际意义，从而更好地应用于实际工作中。

（2）应用实验成果解决实际业务问题

连接实验结果与真实业务场景的目的在于帮助学生将实验中获得的成果有机地应用于解决实际业务问题。这种应用性思维培养了学生对实验结果的实际运用能力，使他们能够更灵活地在未来的职业中应对各种挑战。

2. 实验结果的商业化思考

（1）商业化思考的必要性

在强调实际应用的同时，应注重实验结果的商业化思考。学生需要思考如何将实验中取得的成果转化为商业价值，了解在真实商业环境中如何应用这些结果。这样的思考有助于培养学生的商业思维，使其具备更强的实际操作能力。

（2）实验结果的商业化策略

学生应通过商业化思考，探讨实验结果的商业化策略。这包括分析潜在市场、竞争环境，以及将成果转化为创新产品或服务的方法。通过这样的商业化思考，学生能够更好地为未来的职业生涯做好准备，具备创业和创新的能力。

3. 实验结果的展示与分享

（1）强调成果的认可与肯定

为强调实验结果的实际应用，实验环节应包括实验结果的展示与分享环节。组织学生展示在实验中取得的成果，不仅是对他们工作的认可，同时也是对其学术成就的一种肯定。这种认可与肯定激发了学生的学术自信心，增强了他们在电子商务领域的专业素养。

（2）分享成果促进学术交流

实验结果的展示与分享不仅仅是对学生个体的奖励，更是为了促进学术交流。通过与同学和教师分享，学生能够从不同角度获得反馈，拓宽思路，进一步完善实验成果。这种分享机制有助于建立学术共同体，推动整个团队的学术进步。

强调实验结果的实际应用不仅有助于学生更好地理解实验的实际意义，还培养了他们在实际工作中应用实验成果的能力。通过商业化思考和成果展示与分享，学生将更全面地认识到实验的实际应用价值，为未来的职业发展做好充分准备。

第二节　教材选择与开发

一、电子商务教材的选择标准

（一）采用一体化指导思想和人才培养模式

1.一体化指导思想

在电子商务教材的选择中，首要标准是采用一体化指导思想。一体化指导思想是指在教学设计中贯彻整体性、系统性的原则，通过将电子商务领域的各个方面有机地结合起来，使学生能够以全局性的视角深入探究这一领域的知识和实践。这一指导思想的应用要求教材内容贯穿电子商务的各个层面，从宏观的战略规划到微观的具体操作，形成一个完整的知识框架。

首先，电子商务教材的设计应以战略规划为切入点。在这个层面，学生需要理解电子商务的整体战略，包括市场定位、竞争策略、商业模式等方面。通过深入学习电子商务的战略规划，学生能够建立对行业发展趋势和企业经营方向的敏感性，为未来的实践奠定基础。

其次，教材应着重介绍电子商务领域的核心概念和理论。这包括但不限于电子商务的定义、基本原理、关键技术、法律法规等方面。通过系统性的学习，学生可以建立起对电子商务领域的基础知识体系，为深入探讨更具体的实践问题提供支持。

再次，电子商务教材的一体化设计需要覆盖实际运营层面。这包括电子商务平台的建设、电子支付系统、物流管理等方面。学生需要学习如何在实际操作中运用他们在战略规划和理论学习中获得的知识，真实地参与电子商务系统的建设与运营。

最后，教材还应涵盖电子商务领域的前沿技术和趋势。这可能包括大数据分析、人工智能应用、区块链技术等方面。通过深入了解这些新兴技术，学生可以更好地把握未来电子商务发展的方向，为他们在职业生涯中的创新和领导提供强大的支持。

总体而言，一体化指导思想的运用要求电子商务教材在内容上要丰富多彩、贯穿多个层面，使学生能够全面系统地理解和运用电子商务知识。这样的教材设计有助于培养具备战略眼光、扎实基础、实际操作能力和创新意识的电子商务专业人才。

2.人才培养模式

首先，电子商务教材的选择应符合电子商务人才培养模式，强调培养学生的创新思维。创新是电子商务领域不可或缺的核心素质之一。教材设计应注重激发学生的创造力，引导他们思考新颖的商业模式、前沿技术的应用及解决行业挑战的创新方案。通过案例分析、项目实践等教学手段，学生将能够逐步培养出独立思考和创新性解决问题的能力。

其次，教材设计要强调培养学生的团队协作能力。电子商务往往涉及多个层面的合作，包括战略规划、技术开发、市场营销等方面。因此，教材应设计有助于学生理解团队合作的重要性，并通过实际案例、项目任务等方式培养学生在团队中协调合作的能力。通过团队合作，学生将能够更好地适应未来职业生涯中的多元化合作环境。

再次，电子商务教材的选择要突出培养学生的实际操作能力。理论知识的学习只是人才培养的一个阶段，实际操作能力的培养更是电子商务专业人才的关键。通过实际案例分析、模拟实验、实地实习等形式，教材应该引导学生将所学知识应用到实际业务场景中，提高他们解决实际问题的能力。

最后，教材选择要符合一体化、多层次、开放式的培养模式。电子商务是一个综合性、交叉学科的领域，人才培养需要多层次的知识结构和开放的学科视野。教材应当在不同层次上进行全面涵盖，同时要引导学生关注电子商务与其他领域的交叉点，培养他们的跨学科思维和综合分析问题的能力。

总体而言，电子商务教材的选择应当贴近人才培养模式的要求，注重培养学生的创新思维、团队协作和实际操作能力。一体化、多层次、开放式的教材设计，有助于培养具备全面素养的电子商务专业人才，使其在未来职业生涯中更具竞争力。

（二）一体化、多层次、开放式

1. 一体化

首先，一体化的电子商务教材应建立在综合性的指导思想之上。这包括对电子商务领域内各个关键要素的综合性理解，如电子商务的基本概念、商业模式、技术应用、法律法规等。教材的编排应以全局性的视角，贯穿整个电子商务知识体系，使学生在学习的过程中形成系统性的认知。

其次，一体化的知识结构要求教材内容之间具有内在的逻辑关系。从电子商务的发展历程到实际运营，教材应呈现一种渐进式的知识体系，使学生能够理解各个知识点之间的发展脉络。例如，从电子商务的基础概念开始，逐步深入到电子商务的技术支持和商业策略等方面，形成一个有机的知识链。

再次，一体化的教材设计要考虑到跨学科知识的整合。电子商务作为一个综合性的领域，涉及多个学科的知识，包括但不限于信息技术、市场营销、管理学等。因此，教材应引导学生跨足不同学科，促使他们形成对电子商务全貌的综合性认识，培养跨学科思维的能力。

最后，一体化的知识结构应强调实际应用。教材的编写要充分考虑电子商务在实际业务场景中的应用，通过案例分析、实际操作等方式，使学生能够将理论知识与实际业务相结合。这有助于培养学生解决实际问题的能力，增强他们在职业发展中的竞争力。

一体化的电子商务教材设计应当具有综合性、逻辑性、跨学科性和实际应用性。这样的教材能够为学生提供一个全面深入了解电子商务领域的学习平台，帮助他们在未来的职业生涯中更好地应对各种挑战。

2. 多层次

首先，多层次的电子商务教材应注重基础概念的系统讲解。在课程的初级阶段，学生需要建立对电子商务基本概念的清晰理解。因此，教材设计要用简单易懂的语言介绍电子商务的基础知识，包括但不限于电子商务的定义、发展历程、基本模式等。通过对基础概念的系统讲解，学生能够建立坚实的电子商务知识基础。

其次，电子商务教材的多层次设计应包含中级水平的深化知识。在学生掌握了基础概念之后，教材应逐步引导学生深入理解电子商务的核心内容。这包括电子商务的关键技术、商业模式的深入剖析、市场趋势的分析等。通过深化知识的学习，学生将能够更全面地了解电子商务领域的各个方面。

再次，多层次的教材设计要考虑高水平的专业拓展。对于具有一定电子商务基础的学生，教材应提供更高级的内容，涉及前沿技术、创新商业模式、国际市场拓展等专业领域。这样的设计能够满足有志于深入研究电子商务领域的学生的需求，促使其在专业发展上更上一层楼。

最后，电子商务教材的多层次设计还应包含实践操作的内容。无论在哪个层次，实际操作都是培养学生实际应用能力的关键。通过实际案例、模拟实验等形式，学生将有机会将所学知识运用到真实的业务场景中，提高他们解决实际问题的能力。这样的设计能够使学生更好地理解理论知识的实际应用，为未来职业发展奠定坚实基础。

多层次的电子商务教材设计要符合不同学生的学习需求，通过基础概念、深化知识、专业拓展和实践操作等层次的内容，实现对学生的全面培养。这样的教材设计能够差异化教学，使每个学生都能够在适合自己水平的层次上学习，提高学习效果。

3. 开放式

首先，开放式的电子商务教材应具有多元化的视角。这包括涵盖不同地区、行业和企业规模的案例，以反映电子商务在全球范围内的多样性和复杂性。通过引入各种实际案例，学生能够深入了解电子商务的全球发展趋势，培养跨文化的商业视野，为未来的职业发展提供更广泛的参考。

其次，开放式的教材设计要引入先进的科技和创新趋势。电子商务领域的技术和创新不断推陈出新，因此教材应紧跟科技的发展，介绍最新的电子商务平台、工具和技术应用。这有助于培养学生对新兴科技的敏感性，使其在未来能够更好地适应科技快速演进的环境。

再次，开放式的教材应促进学生对实际业务问题的主动思考。通过提供开放性的问题和讨论，教材能够激发学生的思辨能力，引导他们深入思考电子商务中的伦理、法律、社会等方面的问题。这种主动思考的过程有助于培养学生对复杂商业环境的分析和判断能力。

最后，开放式的教材应引入行业专家的观点和经验。通过邀请电子商务领域的专业人士为教材撰写案例分析或提供实际经验分享，学生能够更深入地了解业界实际运作情况和专业见解。这种实际经验的分享有助于激发学生的学习兴趣，使他们能够更贴近实际业务应用。

开放式的电子商务教材应具备多元化的视角、科技创新导向、促进主动思考和融入行业专家的经验。这样的教材设计有助于为学生提供一个开放、灵活和全面的学习环境，使其能够更好地适应电子商务领域的不断变化。

（三）强调电子商务实验的互动性，调动学生学习的积极性

1.互动性设计

首先，互动性设计在电子商务实验教材中的首要目标是通过引入实际案例，激发学生的学习兴趣。教材应包含丰富、真实的案例，涵盖电子商务领域的各个方面，从而使学生能够在实际业务场景中应用所学知识。这种案例的引入不仅仅是为了理论的传递，更是为了激发学生对实际业务问题的兴趣，培养他们主动学习的态度。

其次，问题解决是互动性设计的重要组成部分。通过设立开放性问题，鼓励学生在实践中思考和解决问题，可以有效地培养其分析和解决实际电子商务挑战的能力。问题解决的过程中，学生需要动脑筋、运用所学知识，从而更深入地理解和掌握相关概念。

再次，互动性设计可以通过模拟操作来实现。借助电子商务模拟平台或虚拟实验工具，学生能够在模拟的环境中进行实际操作，体验电子商务业务的方方面面。这种实际操作不仅加深了学生对理论知识的理解，还培养了他们在实际工作中的实际操作技能。

最后，互动性设计还可以通过小组讨论、项目合作等形式实现。通过组织学生参与小组讨论，促使他们分享不同的观点和经验，从而拓展他们的思维广度。项目合作则能够培养学生的团队协作和沟通能力，让他们更好地适应未来工作中的合作环境。

互动性设计在电子商务实验教材中的应用，旨在通过案例、问题解决、模拟操作和小组合作等方式，激发学生的学习兴趣，培养他们的实际操作能力和团队协作精神。这样的设计不仅使学习更具趣味性，也更符合电子商务实际应用的需求。

2.学生学习积极性

首先，为了调动学生学习的积极性，教材的选择应着力设置挑战性的实验项目。这种实验项目应当具有一定的复杂性和开放性，使学生需要深入思考、主动探索解决方案。通过面对挑战，学生能够在实践中不断提升自己的技能和知识水平，激发他们对电子商务领域的浓厚兴趣。

其次，案例的选择也是调动学生学习积极性的关键。教材中应包含具有实际背景和挑战性的案例，这些案例能够引起学生的思考，激发他们主动学习的欲望。通过深入分析和解决案例中的问题，学生将更好地理解理论知识，并在实践中培养出批判性思维和解决问题的能力。

再次，教材的设计应注重与实际业务场景的连接。将理论知识与实际业务相结合，使学生在学习过程中能够直接看到知识的应用和实际效果。这种连接能够激发学生的学习兴趣，让他们更加主动地参与到课程学习中。

最后，教材可以通过引入实际业界的成功案例和挑战性问题，激发学生对电子商务领域的学术探索热情。学生通过学习成功案例，不仅能够了解业界最新趋势和创新，还能够从中汲取经验，提高对电子商务实践的认知。

（四）学科性、系统性

首先，关于学科性，电子商务教材应具备较强的学科性，确保全面涵盖电子商务领域的核心概念和理论。在选择和编写教材时，应对电子商务的学科内涵进行深入挖掘，涵盖从基础概念到前沿技术的全面知识。学科型的教材能够为学生提供系统的学科框架，帮助他们建立深厚的学科基础。通过深入理解学科内涵，学生能够更好地把握电子商务的本质，为未来的研究和实践奠定坚实的基础。

其次，关于系统性，电子商务教材的选择要具有系统性，能够将电子商务领域的零散知识点组织成有机的体系。这种有机体系应当能够全面反映电子商务的各个方面，包括但不限于电子商务的概念、发展历程、关键技术、商业模式、法律法规等。通过系统性的教材设计，学生能够建立对电子商务系统运作的整体认识，理解各个环节之间的相互关系和影响。这对于培养学生在复杂的电子商务环境中进行综合思考和决策的能力至关重要。

在教材的编写中，可以通过逻辑严密的章节划分、重点知识点的详细阐述、实例和案例的有机融合等手段，确保教材具有较强的学科性和系统性。这样的教学设计有助于帮助学生全面理解电子商务领域的知识，为其未来的学术研究和实际应用提供有力支持。

（五）充分利用网络并充分利用模拟软件的辅助作用

首先，关于充分利用网络，电子商务教材应充分整合网络资源，将网络与实体教材相结合，以提供更全面、实时的学习体验。在教学设计中，可以引导学生利用网络资源进行深入学习，拓展他们的知识面。通过访问在线数据库、参与电子商务社区、观看行业讲座等方式，学生能够获取到更广泛的信息，了解最新的业界动态、实践经验和研究成果。这有助于培养学生敏锐的观察力和对新兴趋势的把握能力，使其具备更强的学科竞争力。

其次，关于充分利用模拟软件的辅助作用，选择的电子商务教材应充分利用模拟软件的辅助作用。通过实际的模拟操作，学生可以更深入地理解电子商务系统的运作机制，培养实际应用的能力。教学中可以结合电子商务领域常用的模拟软件，设计实际案例和模拟场景，让学生在虚拟环境中进行实际操作。这种实践性的学习方式有助于将理论知识转化为实际技能，增强学生的动手能力和解决问题的实际经验。同时，模拟软件的使用也能够提高学生对复杂电子商务系统的理解程度，使其在未来的职业生涯中更具竞争力。

通过充分利用网络资源和模拟软件的辅助作用，教材的设计能够更好地满足学生在电子商务领域学习的需求，使其在学术和实践中都能够获得更为全面和深入的体验。这样的教学方法有助于培养学生对电子商务系统运作的深刻理解和实际应用的能力，为其未来的职业发展奠定坚实基础。

二、教材开发的方法与流程

（一）市场需求分析

1.市场背景

在教材开发之初，我们需要对市场进行深入的背景分析。了解电子商务行业的发展状况、人才需求和学科热点，为教材内容的选择提供市场导向。

2.学生需求

调查学生对电子商务教材的需求，了解他们的学科水平、学科兴趣和实际应用需求。这有助于教材更贴近学生的学科实际情况，提高学习的针对性。

（二）教学目标设定

1.明确人才培养目标

根据市场需求和学生需求，明确教学目标。教材的设计应围绕培养学生的实际操作能力、创新思维和团队协作能力等方面展开。

2.量化目标

为了更好地评估教材的效果，将人才培养目标量化，明确学生在知识、能力和素养方面应达到的水平。

（三）教学内容设计

1.模块划分

将教学内容划分为不同的模块，确保每个模块都有独立的主题，能够形成相对完整的知识单元。

2.案例引入

教学内容设计中引入实际案例，通过案例分析使学生更深入地理解理论知识，并能够将理论知识应用到实际场景中。

（四）教学方法选择

1.互动性教学

选择互动性教学方法，包括小组讨论、问题解决、实验操作等，激发学生的学习积极性，培养他们的团队协作和创新思维。

2.案例教学

通过案例教学，将理论知识与实际案例相结合，帮助学生更好地理解和应用电子商务的相关概念和方法。

（五）教材评估与反馈

1.小范围试用

在正式推出教材之前，进行小范围试用。收集学生和教师的反馈意见，了解教材在实际教学中的效果，进行必要的调整。

2.定期更新

电子商务领域发展迅速，教材应当定期更新，以保持教材内容的新颖性和实用性。通过学生和教师的反馈，及时调整和完善教材。

（六）教材制作与推广

1.多媒体教材制作

将教材制作成多媒体形式，包括电子文档、视频教学等，提高教材的灵活性和互动性。

2.广泛推广

通过学术会议、网络平台等途径，广泛推广教材。吸引更多教师和学生使用，形成良好的口碑和影响力。

通过以上方法和流程，我们能够选择和开发出符合电子商务教学要求、具有高学术价值和实际应用性的教材，为培养电子商务专业人才提供有力支持。

第三节　实验环境与技术支持

一、实验室设备与软件工具

（一）实验室设备的基础建设

1.先进计算机设备的配置

实验室设备的基础建设应以先进的计算机设备为核心。高性能的个人计算机、服务器和网络设备是保障学生进行电子商务实验的重要保障。这些设备应当具有较大的内存和高速处理器，以应对复杂的电子商务计算和模拟运算。此外，高带宽的网络设备确保学生在实验中能够稳定、高效地进行在线操作。

2.实验室空间布局的考虑

实验室空间布局对学习环境有着直接影响。舒适宽敞的空间能够提供良好的学习氛围，使学生更好地投入实验操作。适当的座椅和工作台布局，合理摆放的设备，都应考虑学生的实际使用需求，以创造一个令人愉悦、高效的学习环境。

（二）软件工具的选择与应用

1.软件涵盖电子商务领域的方方面面

在电子商务实验中，选用的软件工具应涵盖电子商务领域的各个方面。电子支付系统、电子商务平台搭建工具、数据分析工具等软件应当成套使用，以确保学生能够全面了解电子商务系统的构建和运营。软件的选择应根据课程设计的实际需求，确保学生能够在实验中获得丰富的经验。

2.简洁友好的软件界面设计

软件工具的界面设计应简洁友好，方便学生快速上手。清晰的操作界面和直观的操作逻辑有助于减少学生在学习软件操作上的困扰，使其更专注于电子商务实验的实际内容。教学团队可以通过学生反馈和评估不断优化软件界面，提高学习体验。

3.具备实时性的软件工具

电子商务领域变化迅速，因此选用的软件工具应具备一定的实时性。教学团队应关注电子商务行业的最新发展趋势，选择能够反映行业最新状况的软件工具，通过及时更新软件版本或引入新的实践案例，确保学生接触到最新的电子商务技术和应用。

（三）实验项目的设计与设备需求

1. 充分利用实验室设备的性能

在实验项目的设计中，应充分考虑实验室设备的性能，确保项目能够充分发挥设备的潜力。例如，在进行大规模数据模拟时，利用服务器的高性能处理器和大容量内存，提高实验效率。合理设计实验项目，让学生深入理解电子商务系统的各个层面，培养其系统思维和解决实际问题的能力。

2. 逐步升级的实验项目难度

实验项目的难度应逐步升级，以适应学生在不同学术水平上的需求。初级项目可以帮助学生建立基础操作能力，而中高级项目则应当涉及更复杂的电子商务场景，要求学生进行深入的系统设计和实践操作。这样的设计有助于学生在整个实验过程中不断提升，全面提高其电子商务实践能力。

实验室设备与软件工具的综合规划和实验项目的合理设计，能够为电子商务实验教学提供有力的支持。这不仅有助于学生在实际操作中深度学习，还能培养其解决实际问题的综合能力。

二、技术支持与故障排除

（一）提供全面的技术支持

1. 建立专业的技术支持团队

（1）组建技术支持团队

学校或实验室管理方应组建一支专业的技术支持团队，由熟悉电子商务实验环境和相关技术的技术人员组成。这些人员应具备扎实的技术知识和丰富的实践经验，可以为学生提供准确、及时的技术支持。

（2）分工明确

技术支持团队应按照不同的专业领域或技术方向进行合理的分工。例如，可以设立硬件维护小组、软件支持小组、网络管理小组等，以便更加高效地解决学生在实验过程中遇到的各类问题。

（3）培训与学习

技术支持团队应定期进行技术培训和学习，不断更新自身的技术知识和技能。这可以通过邀请专业人士进行培训，参加相关的培训课程和学术研讨会等方式来实现。

2. 日常维护与更新

（1）设备维护

技术支持团队应定期对实验室的设备进行检查和维护，包括计算机、服务器、网络设备等。他们需要保证设备的正常运行状态，及时更换老化的部件，清理灰尘等，以确保学生在实验中不会遇到因硬件故障导致的问题。

（2）软件更新

随着技术的发展和安全漏洞的修复，实验室应及时更新软件，并安装相关的补丁程序和安全更新。技术支持团队应跟踪相关厂商或开源社区的最新动态，确保实验室的软件处于最新版本，并尽可能使用正版软件，以提供更好的实验环境。

3.及时解决学生问题

（1）快速响应

技术支持团队应建立快速响应机制，接收并及时处理学生的故障报告和技术问题。学生在遇到问题时，可以通过电话、在线咨询、邮件等方式联系技术支持团队，得到及时的帮助和解决方案。

（2）问题诊断

技术支持团队需要具备良好的问题诊断能力，对学生报告的问题进行有效分析和诊断。通过与学生的沟通，了解问题的具体表现和出现的环境，技术支持团队能够更准确地确定问题所在，并提供相应的解决方案。

（3）技术文档和知识库

技术支持团队可以编写和更新相关的技术文档，包括常见问题解答、故障排除指南等。这些文档可以作为学生自主解决问题的参考依据，同时也可以作为技术支持团队在工作中的参考指南。此外，团队还可以建立知识库，将经验和技术分享给其他成员，促进团队共同进步。

（二）故障排除的应急措施

1.快速响应

快速响应对于解决学生遇到的设备故障或软件问题至关重要。技术支持团队应该建立一个有效的响应机制，以尽快地处理和解决学生报告的问题。

首先，建立有效的沟通渠道。技术支持团队应该提供多种方式供学生联系，以确保学生能够方便地报告问题。这可能包括电话热线、在线聊天工具、电子邮件等。通过多种沟通方式，相关人员可以更好地理解问题的性质，并提供更准确的帮助。

其次，收集学生的故障报告和相关信息。当学生报告问题时，技术支持团队应该迅速收集相关信息以进行问题诊断。这可以通过与学生的电话交流、在线咨询或提交故障报告表单等方式完成。团队需要详细了解学生遇到的问题，包括问题的具体表现、出现问题的环境和操作步骤等。通过这些信息，技术支持团队可以更准确地判断问题的原因，并为学生提供更有效的解决方案。

再次，快速派遣人员进行故障排除。一旦问题得到初步了解，技术支持团队应该尽快派遣有相关专业知识的人员前往现场进行故障排除。这些人员需要有丰富的实践经验和良好的问题解决能力，以便迅速而准确地解决学生面临的问题。技术支持团队应事先制定好派遣人员的流程和标准，以确保在最短的时间内找到适当的人员来解决问题。

最后，持续跟进和反馈。在解决问题后，技术支持团队应与学生保持沟通，并确认问题是否已得到解决。技术支持团队还可以向学生提供进一步的指导和建议，以防止类似问题再次出现。同时，团队应记录并分析遇到的问题，以便改进技术支持流程和培训计划，从而提高未来响应和解决问题的效率。

快速响应问题不仅可以帮助学生在实验过程中尽快恢复正常，还能提高学生对技术支持团队的信任和满意度。此外，快速响应问题也有助于减少实验故障对整个教学进程的影响，并提高学生的学习效果和体验。因此，建立一个快速响应机制对于提供全面的技术支持至关重要。

2.应急设备

为了保障电子商务实验的正常进行，设置应急设备是非常必要的。应急设备可以在主设备出现故障或损坏时临时替代，以确保实验的连续性和稳定性。以下是关于应急设备的一些建议。

首先，备用计算机和服务器是应急设备中的重要组成部分。在实验室中设置备用的计算机和服务器，可以在主设备出现故障时快速切换，以确保实验活动不受影响。这些备用设备应与主设备配置相似并具备相同的软硬件环境，从而能够顺利运行实验所需的软件和应用程序。此外，备用设备需要定期检查和维护，以确保其可靠性和性能。

其次，备用网络设备也是重要的应急设备之一。网络设备故障可能导致实验室的网络连接中断，影响学生的学习和实验进程。因此，在实验室中安装备用的交换机、路由器等网络设备，并与主设备相连，可以在主网络设备出现问题时快速切换，提供稳定的网络连接。备用网络设备的配置和参数设置应与主设备保持一致，以确保无缝地切换和运营。

再次，备用软件工具和相关光盘、U盘等也是应急设备中的重要组成部分。在实验室中备份常用软件的安装文件、补丁程序和驱动程序，并妥善保管相关光盘、U盘等介质，可以在主设备软件损坏或无法正常使用时提供紧急修复和恢复操作。此外，在备用软件工具中还可以包括数据恢复工具、病毒扫描工具等，以应对意外情况和安全问题。

最后，定期测试和维护应急设备是保证其可用性的关键。技术支持团队应制定定期的测试计划和维护流程，确保备用设备处于良好的工作状态。这包括定期检查备用设备的硬件健康情况、更新和备份软件工具、测试备用网络设备的运行状态等。通过有效测试和维护，可以及时发现和解决潜在的问题，确保备用设备的可靠性。

设置应急设备能够有效应对主设备故障和损坏的情况，确保电子商务实验的连续性和稳定性。而备用计算机、服务器、网络设备及相关软件工具和介质的准备对于实验室的运行和学生的学习都起到关键作用。定期测试和维护应急设备，可以保证其可用性和可靠性，为实验故障的应对提供有力支持。

3.在线技术支持平台

在线技术支持平台是一种结合互联网和在线沟通工具的应急措施，可以为学生提供远程故障排除和技术支持。通过在线技术支持平台，技术支持团队可以与学生实时进行交流和协助，以辅助问题的诊断和解决。以下是关于在线技术支持平台的一些具体建议。

首先，选择适合的在线沟通工具。在线技术支持平台的核心是实时沟通，因此选择适合的在线沟通工具对于提供高效的技术支持至关重要。常见的在线沟通工具包括视频会议软件、实时聊天工具和远程协助工具等。技术支持团队可以根据实际需求选择合适的工具，并确保学生能够方便地使用这些工具进行沟通和协作。

其次，建立稳定的网络连接。在线技术支持平台需要稳定的网络连接才能保证沟通和协作的顺利进行。技术支持团队应确保自身和学生都具备稳定可靠的网络环境，避免网络延迟和断开等问题。对于学生而言，他们可能在校园内或者其他网络环境下使用在线技术支持平台，因此，技术支持团队应提供相关的网络设置和配置指导，以确保学生能够正常连接和使用在线平台。

再次，远程故障排除和技术协助。通过在线技术支持平台，技术支持团队可以与学生进行远程故障排除和技术协助。例如，通过视频会议软件可以实时观察学生计算机屏幕，帮助学生快速定位和解决问题。实时聊天工具则可以提供文字交流和截图上传等功能，便于双方共享信息和解决问题。在这个过程中，技术支持团队应积极引导学生描述问题的详细情况，并提供相应的解决方案和操作指导。

最后，记录和反馈。为了提高在线技术支持的效果，技术支持团队应及时记录学生的问题和解决方案，并在问题解决后向学生进行反馈。这些记录和反馈可以作为技术支持团队的资料和经验总结，也可以为后续的技术支持提供参考。此外，技术支持团队还可以向学生询问意见和建议，以不断改进和优化在线技术支持平台的功能和服务。

建立在线技术支持平台，可以在远程环境下为学生提供有效的故障排除和技术支持。这种方式不仅可以节省故障排除过程中的时间和成本，还可以提供实时的支持，满足学生对快速解决问题的需求。在线技术支持平台的建立不仅能够提高学生的学习效果和体验，也可以为技术支持团队提供更加高效和便捷的工作方式。

（三）教学团队的技术培训与更新

1.技术培训计划

技术培训计划对于提升教学团队的技术水平和专业能力非常重要。通过定期的技术培训，教师可以了解最新的技术趋势和发展，学习新的工具和技术，并分享经验和最佳实践。以下是关于技术培训计划的一些建议。

首先，确定培训目标和内容。在制订技术培训计划之前，教学团队应明确培训的目标和需要培训的具体内容。这可能包括新技术的介绍，现有技术的深入学习，常见问题的解决方案，最佳实践分享等。明确定义培训目标和内容，可以更好地组织和安排培训活动，确保培训的针对性和实用性。

其次，制定培训计划和时间表。根据培训目标和内容，教学团队应制定一份详细的培训计划和时间表。该计划应涵盖培训的主题、培训形式（如研讨会、讲座、演示等）、培训的持续时间和参与人员等方面的信息。培训计划可以按照季度、学期或年度进行划分，以确保培训活动的连续性和有效性。

再次，选择合适的培训形式和资源。技术培训可以采用多种形式和渠道进行，包括面对面培训、在线培训、自学教材等。教学团队可以根据实际情况和资源可用性选择最合适的培训形式。此外，还可以利用互联网资源、专业期刊、行业协会等渠道获取最新的技术资讯和培训资源，以便为培训提供有力支持。

最后，评估和反馈。在技术培训之后，教学团队应该进行评估和反馈，以了解培训效果和改进培训计划。可以通过问卷调查、讨论会、个别面谈等方式收集参训教师的意见和反馈，并根据反馈结果进行培训计划的调整和优化。同时，还可以评估培训的影响和成果，例如教师应用新技术的情况、学生学习效果的提升等。

技术培训计划能够帮助教学团队不断提升自身的技术水平和专业能力，以适应电子商务领域不断变化的需求。通过明确培训目标和内容、制定详细的培训计划和时间表、选择合适的培训形式和资源，并进行评估和反馈，可以确保技术培训的质量和效果。最终，教学团队能够提供更好的技术支持和指导，提升学生的学习体验和成果。

2.学术研讨会参与

教师积极参与学术研讨会和学术会议等活动对于提升专业能力和技术知识非常有益。这些活动可以提供与同行交流、学习最新研究成果的机会，促使教师更新、深化自身的技术知识和研究成果。以下是关于参与学术研讨会的一些建议。

首先，选择合适的学术研讨会。在选择学术研讨会时，教师应考虑与自身专业领域和研究方向相关的会议。通过参加相关领域的学术研讨会，教师可以获取最新的研究动态、前沿技术和学术趋势，拓宽学术视野，并与其他专家学者进行交流和合作。此外，教师还应关注学术研讨会的学术声誉、组织机构和论文提交与发表的机会等因素，以选择有价值和符合个人需求的学术研讨会。

其次，参与学术研讨会前做好准备。在参与学术研讨会之前，教师应做好充分的准备工作。首先，教师可以阅读相关研究论文和学术资料，了解当前该领域的前沿发展和研究成果。其次，教师可以准备自己的学术报告、研究成果或者论文，并与其他与会者分享。此外，教师还可以准备一些问题和讨论的观点，以便在会议期间积极参与讨论和交流。

再次，积极参与学术交流和互动。在学术研讨会期间，教师应积极参与各种学术交流和互动。这包括听取并提问其他论文报告，参加小组讨论，与其他专家学者进行面对面交流等。通过与其他研究者的交流和互动，教师可以深入了解他人的研究思路和方法，从而提升自身的研究能力和学术水平。

最后，总结和利用学术研讨会的收获。参与学术研讨会之后，教师应及时总结和反思自己的体验和收获。教师可以记录关键讨论和观点，回顾自己的报告和演讲，并思考如何将学到的知识和经验应用到自己的研究和教学实践中。此外，教师还可以考虑将自己的研究成果发表为学术论文，分享给更广泛的学术界，并为自己的职业发展增加更多的机会。

通过积极参与学术研讨会和学术会议等活动，教师可以不断更新和深化自身的技术知识和研究成果。这些活动不仅能够拓宽学术视野，与其他专家学者进行交流和合作，还有助于提高教师的学术声誉和职业发展。因此，教师应将参与学术研讨会作为持续学习和专业发展的重要环节。

3.积极采纳反馈意见

教学团队应积极鼓励学生对实验环节和技术问题进行反馈，并及时响应并采纳有益的意见。通过与学生的交流，教学团队可以更好地了解学生在实验过程中遇到的问题，找出改进的方向，并进一步完善实验环境与技术支持措施。以下是关于积极采纳反馈意见的一些建议。

首先，创设积极的反馈氛围。教学团队应积极鼓励学生提出实验环节和技术问题的反馈意见，并确保学生能够自由表达自己的观点和建议，可以通过定期的讨论会或者在线平台等渠道收集学生的意见和建议。同时，教学团队还应当对学生的反馈持开放心态，以积极的方式对待和回应学生的意见。

其次，及时响应和采纳有益的反馈意见。一旦收到学生的反馈意见，教学团队应及时作出回应并采纳有益的意见。可以通过与学生面对面或者在线交流的方式，深入了解学生遇到的问题，并找出解决问题的方向和方法。在采纳有益的反馈意见时，教学团队可以向学生表达感谢，并说明将会采取哪些措施来改进实验环节或者提供更好的技术支持。

再次，加强学生与教师的互动与沟通。为了更好地了解学生的实际需求和问题，教学团队应加强与学生之间的互动和沟通。可以定期组织小组会议或者一对一的面谈，听取学生的意见和建议。此外，还可以利用在线平台或者问卷调查等方式收集学生的反馈意见。教学团队可以根据学生的反馈意见，作出必要的调整和改进，以提供更好的实验环境与技术支持。

最后，持续改进和优化。教学团队应将学生的反馈意见作为改进和优化的动力。通过持续改进和优化实验环节及技术支持措施，教学团队可以不断提高教学质量和学生满意度。可以定期进行评估和总结，并将学生的反馈意见纳入改进计划中。同时，教学团队还可以参考其他同行的做法和经验，以进一步提升实验教学的效果和水平。

通过积极采纳学生的反馈意见，教学团队可以不断完善实验环节和技术支持，提高教学质量和学生满意度。学生的反馈意见是宝贵的改进资源，可以帮助教学团队更好地满足学生的需求和期望。同时，这种积极的反馈机制也有助于建立良好的师生互动关系，促进教学团队与学生之间的有效沟通和合作。

第五章　电子商务实验教学的课程内容

第一节　电子商务的基本概念

一、电子商务的定义与范畴

（一）电子商务的定义

首先，电子商务（Electronic Commerce）是指通过互联网等电子通信技术进行商务活动的过程和方式。它改变了传统的商业模式，利用互联网和数字技术提供了一个全新的商业环境和交易平台。电子商务的兴起为消费者提供了更多的选择和便利，为企业带来了更大的商机和发展空间。

其次，电子商务涵盖了多个领域和业务活动。其中包括在线购物，即通过电子商务网站或移动应用程序进行商品选购、下单和支付等操作。在线支付是电子商务的重要组成部分，它利用各种电子支付系统和技术，实现安全、方便的金融交易和资金流转。

再次，电子市场和电子拍卖也是电子商务的重要形式之一。通过互联网建立的虚拟市场，如阿里巴巴和亚马逊等，为买卖双方提供了一个有效的交流和交易平台。同时，在线拍卖也成了一种受欢迎的购物方式，使买卖双方可以通过互联网竞价和交易物品。

最后，电子商务还包括了电子营销、供应链管理和电子数据交换等方面。电子营销利用互联网和数字技术，推广和销售产品和服务。供应链管理则通过电子技术和互联网，实现对供应链的整体管理和优化，涵盖了供应商、制造商、经销商和零售商等各个环节。同时，电子数据交换和电子合同也是电子商务中重要的组成部分，它们通过电子技术实现商务信息的传递和管理，并促进合作和交易的进行。

总而言之，电子商务的定义包括了通过互联网等电子通信技术进行商务活动的过程和方式。它涵盖了在线购物、在线支付、电子市场、电子营销、供应链管理、电子数据交换等一系列业务活动，为消费者和企业带来了更多的便利和机遇，并对传统商业模式和市场格局产生了深远的影响。

（二）电子商务的范畴

电子商务的范畴可以分为以下几个方面：

1. 在线购物平台

首先，淘宝（taobao.com）是中国最大的综合性在线购物网站，成立于2003年。它为消费者提供了广泛的商品种类和服务，包括服装、家居用品、电子产品、食品等。淘宝采用C2C（个人对个人）和B2C（商家对个人）的模式，用户可以通过搜索、浏览分类、关注店铺等方式找到所需商品，并进行交易。淘宝提供了安全便捷的支付方式，同时也有买家和卖家的评价系统，帮助用户选择可靠的商家和优质的商品。支付宝是淘宝的支付平台，用户可以通过支付宝完成交易和支付。

其次，京东（jd.com）是中国领先的自营式电商平台，成立于1998年。京东提供了广泛的商品种类和品牌，包括手机、家电、图书、美妆等，既有自营商品也有第三方商家的商品。京东致力于提供优质的购物体验和快捷的配送服务，如京东物流和京东自营仓库，通过建设自己的物流网络和仓储体系，保证商品能够及时送达用户手中。京东还提供了多种支付方式，如京东支付、货到付款等，以满足用户的需求。

再次，亚马逊（amazon.com）是全球领先的跨境电商平台，成立于1994年。亚马逊的业务遍及全球，用户可以购买来自全球各地的商品。亚马逊提供了广泛的商品种类，包括图书、电子产品、家居用品、时尚服饰等。亚马逊以其可靠的国际物流和客户服务著称，用户可以享受快速、可靠的配送服务和卓越的客户体验。亚马逊还提供了多种支付方式，如信用卡支付、亚马逊支付等。

最后，eBay（ebay.com）是全球最大的拍卖和在线交易平台之一，成立于1995年。eBay允许用户在网站上竞拍和购买二手商品、收藏品及新品等。用户可以发布商品拍卖并接受他人的竞拍，也可以通过"立即购买"选项直接购买商品。eBay提供了买家和卖家的评价系统，用户可以根据评价信息选择可信赖的卖家和优质的商品。同时，eBay也与PayPal（现已被eBay收购）合作，为用户提供更安全、便捷的支付方式。

此外，Alibaba（alibaba.com）是全球最大的B2B电子商务平台之一，成立于1999年。Alibaba为全球企业提供商务合作、询价、采购和供应链管理等服务。在Alibaba上，企业可以发布产品信息并找到经销商和采购商进行合作。Alibaba还提供了在线贸易保障、物流服务和金融服务等解决方案，以支持企业的交易和合作。除了B2B平台，阿里巴巴集团旗下还有淘宝、天猫等消费者型平台，以及支付宝等金融科技服务。

以上是几个在线购物平台的介绍。通过这些平台，用户可以方便地浏览、选购和购买各类商品，并享受线上购物的便利。同时，这些平台也为商家提供了广阔的市场和机会，帮助他们拓展业务和实现增长。在线购物平台已经成为现代电子商务发展的重要组成部分，为消费者和企业带来了巨大的便利和机遇。

2.电子支付系统

首先，支付宝（alipay.com）是蚂蚁金服旗下的第三方支付平台。支付宝提供了线上和线下的支付服务，用户可以通过支付宝账户进行购物、转账、缴费等操作。支付宝支持多种支付方式，包括余额支付、银行卡支付、扫码付款等。支付宝还提供了安全的支付环境，如手机动态密码、指纹识别等功能，以确保用户的资金安全。

其次，微信支付（wechat.com）是腾讯旗下的移动支付平台。用户可以通过微信账户进行线上和线下的支付交易。微信支付支持多种支付方式，包括余额支付、银行卡支付、扫码付款等。微信支付还提供了便捷的功能，如红包、微信零钱等，方便用户进行社交和支付的结合。微信支付也致力于保障用户的支付安全，通过短信验证码、指纹识别等方式来确认用户的身份。

再次，PayPal（paypal.com）是全球领先的在线支付平台。PayPal 支持跨境支付和货币转换，在全球范围内提供了方便快捷的支付解决方案。用户可以通过 PayPal 账户进行线上支付和国际交易，购买商品、接受付款和转账等。PayPal 提供了多种支付方式，包括信用卡支付、银行账户支付等。PayPal 以其安全可靠的支付环境著称，为用户提供了购物和交易时的保护措施。

最后，Apple Pay（apple.com/apple-pay）是由苹果公司推出的移动支付平台。用户可以通过 iPhone、iPad 和 Apple Watch 完成线上和线下的支付交易。Apple Pay 支持与 Apple 设备绑定的信用卡、借记卡和预付费卡进行支付。用户可以使用设备上的 Touch ID 或 Face ID 进行身份验证，然后将设备放在 POS 终端上进行支付。Apple Pay 注重用户的隐私和安全，通过令牌化技术和一次性动态安全码来保护用户的支付信息。

此外，中国银联提供了银联在线支付（chinapay.com）的服务。用户可以使用银联卡进行线上和线下的支付交易。银联在线支付支持国内外的交易，用户可以通过输入银联卡号和密码来完成支付操作。银联在线支付与各大商业银行合作，为用户提供了便捷的支付方式，并通过动态验证码等手段来确保支付的安全。

以上是几种常见的电子支付系统的介绍。这些支付系统通过提供方便快捷的支付解决方案，为用户带来了更加便利的支付体验。同时，这些支付系统也重视用户的支付安全和隐私保护，采取了多种安全措施来保证用户的资金安全。电子支付系统在移动互联网的发展中起到了重要的作用，为用户和商家提供了便捷、安全和高效的支付方式。

3. 电子市场和电子拍卖

首先，阿里巴巴（alibaba.com）是全球最大的 B2B 电子商务平台之一。作为一家提供商品展示、采购、销售和供应链管理等服务的平台，阿里巴巴连接了全球范围内的企业，为它们提供了一个高效便捷的商务交流平台。通过阿里巴巴，企业可以实现全球范围内的贸易往来，推动国际贸易的发展。该平台以其强大的规模和全球资源整合能力，为企业提供了更多的商机和合作可能性。

其次，亚马逊（amazon.com）是一家全球领先的电子商务平台，为消费者提供丰富的商品和服务选择。亚马逊不仅是一个在线零售商，还提供云计算、人工智能等多领域服务。其广泛的商品品类和高效的物流体系使其成为全球用户的首选购物平台之一。亚马逊通过其先进的技术和丰富的商品资源，为用户提供了便捷的购物体验，同时也为卖家提供了一个强大的销售平台。

再次，eBay（ebay.com）是全球最大的在线拍卖和交易平台之一。用户可以在 eBay 上参与竞拍，购买各类商品，同时也可以通过固定价格购物。eBay 的独特之处在于其拍卖模式使得用户可以通过竞拍获取心仪商品，为购物增添了趣味性。该平台为卖家和买家提供了一个自由市场，促进了二手商品和独特商品的流通。

最后，拼多多（pinduoduo.com）是中国新兴的社交电商平台，采用团购模式。用户可以通过拼团享受更优惠的价格和服务。拼多多通过社交分享和团购互动，形成了独特的购物体验，引领了社交电商的新潮流。该平台倡导"多多益善"的理念，通过集体购物实现价格的打折，吸引了大量用户的关注和参与。

在这些电子市场和电子拍卖平台中，不同的商业模式和服务形式满足了用户的多样需求，推动了电子商务行业的不断创新和发展。这些平台的成功经验和运营模式对电子商务领域的研究和实践具有重要的启示作用。

4. 供应链管理

首先，阿里巴巴国际站（alibaba.com）是全球企业的 B2B 电子商务和供应链管理服务提供商之一。该平台通过整合供应商管理、采购和销售等环节，为全球企业提供了一体化的供应链解决方案。企业可以在阿里巴巴国际站上进行全球范围内的供应链合作，实现高效的采购和销售，同时通过平台的供应链管理功能，优化供应链的运作效率。

其次，快批（kuaipiyun.com）是中国领先的 B2B 采购平台，专注于为企业提供集中采购、供应商管理和合同管理等服务。快批通过数字化和智能化的方式，帮助企业建立高效的供应链体系，提升采购和供应的管理水平。平台上的供应链管理功能使企业能够更好地与供应商合作，实现供应链的优化和协同发展。

再次，SAP Ariba（ariba.com）是全球领先的供应链管理解决方案提供商。通过其云平台，SAP Ariba 为企业提供了全方位的供应链服务，包括供应商管理、订单处理和物流跟踪等功能。该解决方案通过数字化和智能化技术，协助企业实现供应链的可视化和智能化管理，提高了整体供应链的灵活性和适应性。

复次，IBM Sterling（ibm.com/sterling）是 IBM 推出的供应链管理解决方案，集成了订单管理、库存管理和物流追踪等功能。该解决方案通过先进的技术和数据分析，帮助企业实现对供应链各个环节的全面管控。IBM Sterling 的供应链管理功能不仅强调效率和可视化，还注重对供应链风险的监测和应对，使企业能够更好地应对市场变化和业务挑战。

最后，Oracle SCM（oracle.com/scm）是由 Oracle 公司提供的综合性供应链管理解决方案。该解决方案覆盖了供应商管理、需求规划、生产调度等多个环节。Oracle SCM 通过整合企业内外的资源，实现供应链的协同和优化。其强大的数据分析和预测功能使企业能够更准确地制定供应链策略，提高生产和供应的效率。

这些供应链管理平台和解决方案在不同领域和规模的企业中发挥着重要作用，为其提供了先进的供应链管理工具和服务，帮助企业更好地应对市场变化、提高效率并降低成本。这些平台的不断创新和发展为供应链管理领域的研究和实践提供了丰富的经验和借鉴。

5. 电子营销

首先，百度推广是百度搜索引擎提供的广告服务，为企业提供搜索引擎广告和营销推广的渠道。通过百度推广，企业可以在百度搜索结果中展示广告，吸引潜在客户的注意力，提升品牌曝光度。百度推广支持精准的定向投放，帮助企业更有效地达到目标受众，实现精细化营销。

其次，腾讯广告是腾讯旗下的广告平台，为企业提供多样化的广告服务，包括社交媒体广告、搜索广告和内容营销等。在腾讯广告平台上，企业可以通过投放广告在腾讯旗下的社交媒体平台（如微信、QQ）上，实现品牌推广和用户互动。此外，腾讯广告还支持搜索引擎广告，帮助企业在腾讯搜索中获得更多曝光。

再次，新浪微博广告是新浪微博推出的广告平台，专注于为企业提供精准定向广告和社交媒体营销服务。通过新浪微博广告，企业可以在微博平台上投放广告，借助微博用户庞大的社交网络，实现品牌传播和产品推广。新浪微博广告平台支持多样的广告形式，包括文字、图片和视频广告，满足企业不同的营销需求。

复次，Facebook 广告是全球最大的社交媒体平台之一，为企业提供广告投放和精准定向的机会。通过在 Facebook 上投放广告，企业可以利用平台庞大的用户基数，实现全球范围内的品牌推广。Facebook 广告支持详细的用户定向，帮助企业精准锁定目标受众，提高广告投放的效果。

最后，谷歌广告是谷歌旗下的广告平台，为企业提供搜索广告、展示广告和视频广告等多种形式的营销机会。通过在谷歌搜索结果中投放广告，企业可以在用户搜索相关关键词时展示广告，吸引潜在客户。谷歌广告还支持在合作网站上展示广告，扩大品牌影响力，同时提供丰富的广告格式，适应不同广告需求。

这些电子营销平台提供了多样的广告形式和定向方式，为企业提供了灵活而强大的营销工具。通过这些平台，企业可以实现精准的用户定向，提高广告投放的效果，同时借助不同的媒体渠道，实现全方位的品牌推广和营销活动。这对于电子商务领域的研究和实践具有重要的参考价值。

6.网络安全与隐私保护

网络防火墙：通过配置网络设备和软件，保护企业网络免受未经授权的访问、恶意攻击和数据泄露等威胁。

数据加密技术：通过使用加密算法和密钥管理，保护敏感数据的机密性和完整性，防止数据被未经授权地访问和篡改。

用户身份认证：通过使用密码、生物特征和多因素认证等技术，验证用户的身份，并授予合法访问权限。

网络安全监测：通过使用入侵检测系统（IDS）和入侵防御系统（IPS），实时监测网络流量和事件，及时发现和应对安全威胁。

隐私保护政策：企业应制定和遵守隐私保护政策，保护用户的个人信息不被滥用和泄露。

7.电子数据交换和电子合同

首先，电子数据交换（Electronic Data Interchange，EDI）是一种利用标准化的数据格式和协议，在企业间进行电子数据的传递和处理的方法。EDI 可以实现企业间的自动化数据交换，如订单、发货通知、发票等，减少了人工处理的时间和错误率，提高了企业的运营效率和准确性。EDI 具有高度的通用性和互操作性，能够与不同企业的信息系统进行集成，实现不同系统之间的数据交流。

其次，电子合同平台是指为企业和个人提供电子合同的创建、签署和存储等服务的在线平台。通过电子合同平台，用户可以使用电子方式创建合同、进行合同签署，并在平台上安全地存储合同文件。电子合同平台具有高效、便捷、节约成本等优势，可以改善传统纸质合同的烦琐流程和耗时问题。同时，电子合同平台还提供了身份验证、审批流程管理、合同变更等功能，提供了更加安全和可控的合同管理环境。

再次，数字签名技术是保证电子文档完整性和真实性的一种技术手段。数字签名使用公钥加密技术，将电子文档的哈希值进行加密，生成与签名者唯一相关联的数字签名。通过验证数字签名，接收方可以确定文档未被篡改过，并且是由指定的签署者生成的。数字签名技术可以确保电子合同、电子票据等的可信性和防伪性，为电子数据交换和电子合同提供了安全保障。

最后，区块链技术被广泛应用于电子合同领域，可以实现合同的可信和不可篡改。区块链是一种去中心化的分布式账本，其中的数据和交易由多个节点共同维护和验证。将电子合同的相关数据和操作记录在区块链上，可以确保合同过程的透明性和不可篡改性。区块链技术可以追溯每个操作的历史记录，并提供高度的数据安全性和防篡改能力，增强了电子合同的执行信任度。

此外，电子发票和电子票据也是电子数据交换和电子合同的重要组成部分。数字化的方式创建、传递和存储发票和票据，可以简化财务流程，减少纸质文档的使用，提高工作效率。电子发票和电子票据具有数字签名和时间戳等技术措施，确保其真实性和完整性，并符合相关法律和监管要求。

以上是电子商务的范畴的详细介绍，电子商务涵盖了在线购物平台、电子支付系统、电子市场和电子拍卖、供应链管理、电子营销、网络安全与隐私保护、电子数据交换和电子合同等多个方面。通过在这些方面的发展和创新，电子商务不断推动着商业交易和市场的进一步发展。

二、电子商务的基本原理与流程

（一）电子商务的基本原理

电子商务的基本原理是利用互联网和电子通信技术，将商业活动的各个环节数字化和网络化。它通过跨越时间和空间的限制，使商家可以直接与消费者进行交互，并实现在线购物、在线支付等各种商务活动。

1.互联网和电子通信技术的融合

（1）互联网基础构建

电子商务的基本原理之一是建立在互联网基础构建之上的。互联网作为一种信息交流和传递媒介，为电子商务提供了强大的基础支持。这包括广域网（WAN）、局域网

（LAN）、因特网和各种通信协议等基础设施。通过这些基础设施，商家和消费者得以实现全球范围内的信息传递和商业交互。

（2）电子通信技术的演进

电子商务还依赖于电子通信技术的演进。随着通信技术的不断发展，从最初的电报电话到今天的高速宽带网络，电子商务得以在全球范围内实现高效的信息传递和实时的交互。无论是移动通信技术、云计算还是物联网技术，都为电子商务的发展提供了更多可能性。

2.商业活动数字化

（1）商业过程的数字化

电子商务的核心在于将商业活动的各个环节数字化。这包括产品信息、库存管理、采购、销售、支付等各个环节的数字化处理。通过信息技术，商家能够更加高效地管理生产、销售和物流等方面的业务，从而提高运营效率和降低成本。

（2）数据驱动的决策

数字化商业活动产生大量的数据，电子商务依赖数据分析和挖掘技术进行商业决策。商家通过分析消费者行为、市场趋势等数据，可以更好地了解市场需求，优化产品和服务，实现精准营销和个性化定制，从而提升竞争力。

3.在线交互和商务活动

（1）跨越时间和空间的限制

电子商务通过互联网和电子通信技术，实现了商家与消费者之间的在线交互。这消除了传统商业模式中时间和空间的限制，使得消费者可以随时随地进行购物和服务体验，大大提高了购物的便利性。

（2）在线购物和支付

在线购物是电子商务的重要形式之一。通过电子商务平台，消费者可以方便地浏览和比较商品，选择最适合自己的产品。同时，电子支付技术的发展使得在线支付变得更加安全和便捷，为商家和消费者提供了更加灵活的交易方式。

（二）电子商务的基本流程

电子商务的基本流程包括以下几个环节：

1.商品展示和宣传

电子商务的流程始于商品展示和宣传。商家通过电子商务平台发布详细的商品信息，包括文字描述、图片展示、视频演示等多媒体形式。这一环节涉及营销和品牌建设，商家需要运用各种营销手段来吸引消费者的关注。通过个性化的宣传语言、吸引人的图片和各类促销活动，商家努力提升商品的曝光度，使其脱颖而出。

2.订单生成

一旦消费者被吸引，他们将浏览商品并选择心仪的商品进行购买。在这一环节，电子商务平台为消费者提供了方便快捷的购物体验。通过搜索、筛选和对比功能，消费者可以更容易地找到他们想要的商品。下单的过程也变得简便，通过填写收货信息、选择支付方式等步骤，订单生成便完成了。

3.支付处理

支付处理是电子商务流程中至关重要的一环。消费者可以选择多种支付方式，包括信用卡、支付宝、微信支付等。支付系统需要确保安全可靠，以防止金融信息泄露和支付过程中的问题。此环节需要有高度的技术支持和加密保障，以确保用户的财产安全。

4.订单处理

商家在接收订单后需要迅速进行商品的发货和物流操作。这一环节的高效处理与供应链管理密切相关。商家需要保证库存的充足，及时进行订单分拣、包装和发货。同时，与物流公司的紧密合作也是保障订单处理顺畅的关键。

5.评价和售后服务

交易完成后，消费者可以对购买的商品进行评价和反馈。商家通过对这些评价的分析，了解市场的需求和商品的优缺点，为产品的改进提供有利的参考。同时，商家需要提供良好的售后服务，确保消费者在购物过程中有良好的体验，解决任何可能出现的问题，维护客户关系。

以上是电子商务的基本原理与流程的简要介绍，电子商务作为现代商业模式的重要组成部分，不断推动着商业交易和市场的发展。随着技术的进步和用户需求的变化，电子商务也在不断演进和创新，为商家和消费者带来更多便利和选择。

第二节　电子商务的各个领域

一、电子支付的发展与技术

（一）电子支付概述

1.在线支付

（1）信用卡支付

在线支付最常见的方式之一是使用信用卡进行支付。用户可以在网上商城或电子商务平台上输入信用卡号、有效期、CVV码等信息，经过安全加密后完成支付。信用卡支付具有广泛的接受度和方便性，用户可以灵活选择还款方式，并享受一定的消费保护和买家权益。

（2）借记卡支付

借记卡支付是另一种常见的在线支付方式，与信用卡不同，借记卡直接连接到用户的银行账户。在进行借记卡支付时，用户需要输入卡号和密码等信息进行身份认证，并授权商户从银行账户中扣款。借记卡支付快速、简便，并且可以避免信用卡透支风险，但相对而言安全性稍低。

（3）电子钱包支付

电子钱包（e-wallet）是一种存储用户资金的数字账户，用户可以将资金充值至电子钱包中，通过输入账户名或扫描二维码等方式来进行支付。电子钱包支付由第三方提供，如支付宝、微信支付等，在各地广泛应用。电子钱包支付便捷、迅速，也支持多种支付方式和场景，如线上购物、线下扫码支付、转账等功能。

2.移动支付

（1）近场通信（NFC）支付

近场通信技术使得移动设备可以与读卡机进行近距离交流，实现无接触支付。用户只需将手机或其他支持 NFC 功能的设备靠近读卡机，即可完成支付。这种方式通常应用于线下支付场景，如超市、餐厅等。NFC 支付快速、方便，并且有一定的安全性保障。

（2）扫码支付

扫码支付是移动支付的另一种常见形式。商家在支付二维码上面标注了付款信息，用户使用手机扫描二维码后，通过输入支付密码或确认支付即可完成交易。扫码支付广泛运用于各种线下消费场景，如商户门店、公共交通等。它的优势在于不需要特殊设备，方便用户使用。

3.虚拟货币

（1）比特币（Bitcoin）

比特币是最早诞生的虚拟货币之一，由密码学算法网络进行管理和验证。在比特币系统中，用户可以使用比特币进行购买、投资和转账等操作，而无需第三方中介机构。比特币的去中心化、匿名性和安全性成为其重要特点。

（2）以太坊（Ethereum）

以太坊是另一种常见的虚拟货币，与比特币类似，它也是基于区块链技术运作的数字资产。以太坊系统不仅仅用于转移货币，还可以支持智能合约和分布式应用程序的开发。以太坊的发展为虚拟货币的应用提供了更广阔的可能性。

（3）其他虚拟货币

除了比特币和以太坊，世界上还存在许多其他虚拟货币，如莱特币、Ripple 等。每种虚拟货币都有其独特的特点和应用场景，用户可以根据自己的需求选择适合的虚拟货币进行支付和投资。

总结起来，电子支付形式多种多样，包括在线支付、移动支付和虚拟货币等。在线支付包括信用卡支付、借记卡支付和电子钱包支付等方式，移动支付则主要通过近场通信和扫码方式实现。虚拟货币则是一种基于密码学技术发行和管理的数字资产，其运作依赖于区块链技术的支持。电子支付已经在全球范围内得到广泛应用和发展，并为电商交易提供了更便捷、高效和安全的支付方式。

（二）支付技术与安全性

1.密码学技术

（1）加密与解密

在电子支付中，加密技术是保证支付过程中敏感信息的机密性的核心手段。加密技术通过对数据进行处理，将其转化为不可读的形式，只有掌握相应密钥才能解密还原成可读信息。常见的加密算法包括对称加密和非对称加密。对称加密使用相同的密钥进行加密和解密，速度较快且适合大数据量的加密；非对称加密则使用公钥加密、私钥解密的方式，提供了更高的安全级别。

（2）数字签名

数字签名是一种用于验证支付交易真实性和完整性的密码学技术。在支付过程中，发送方使用自己的私钥对交易进行签名，接收方可以使用发送方的公钥对签名进行验证。数字签名保证了支付交易的不可抵赖性和防篡改性，确保了交易的安全性。

2.生物识别技术

（1）指纹识别

指纹识别是通过对个体指纹图像进行采集和比对，识别个体身份的技术。指纹具有独一无二的特征，不易伪造和模拟，因此被广泛应用于支付认证场景。用户可以使用手机或具备指纹识别功能的设备进行指纹支付，提高支付的安全性和便捷性。

（2）虹膜识别

虹膜识别是通过对个体虹膜纹理进行采集和比对，识别个体身份的技术。虹膜具有较高的唯一性和稳定性，是进行支付身份验证的一种有效方式。虹膜支付凭借其高精度和难以伪造的特点，被视为更加安全的支付认证方式。

（3）人脸识别

人脸识别是通过对个体面部特征进行采集和比对，识别个体身份的技术。人脸具有独特的轮廓、特征点等信息，因此可以作为一种支付认证手段。目前，人脸支付得到了广泛应用，用户只需通过摄像头进行面部扫描即可完成支付，提升了支付的便捷程度。

3.区块链技术

（1）去中心化

区块链技术的核心特点之一是去中心化，即没有中央机构控制和管理交易记录。在支付领域，区块链技术允许参与者直接进行点对点的交易，无需第三方中介。这样一来，支付过程中的中间环节和费用将大大减少，提高了支付的效率和安全性。

（2）不可篡改性

区块链技术通过使用密码学哈希函数、分布式共识算法等手段确保数据不可篡改。每一笔支付交易都会被记录在区块链上，并且与之前的交易数据相关联，形成一个不可更改的数据链条。这种不可篡改性使得支付交易更加透明和可信，防止交易被篡改或数据遭到攻击。

（3）高安全性

区块链技术通过密码学算法、分布式共识机制等措施保证支付交易的安全性。在区块链上进行支付交易时，用户的身份信息和交易细节将得到加密和保护，只有获得授权的用户才能进行支付操作，提供了更高的支付安全性。

4. 支付安全性

（1）用户身份认证

为了确保支付的安全性，系统会采用一系列用户身份认证的机制。这包括使用用户名密码、个人数字证书、双因素认证等方式来验证用户身份的真实性，以防止非法用户进行支付操作。

（2）防止网络攻击

支付系统需要采取多种控制措施来防范网络攻击，如防火墙、入侵检测系统、数据加密等。同时，支付系统还要定期进行安全漏洞扫描和修补，以提高系统的抗攻击能力。

（3）数据加密

为保护支付过程中传输的数据安全，采用数据加密方法对交易过程中的敏感信息进行加密处理。这包括使用对称加密算法、非对称加密算法等方式对数据进行加密，确保数据在传输过程中不被窃取或篡改。

（4）安全标准和规范

为了确保支付系统的安全性，相关监管机构和标准组织制定了一系列的支付行业安全标准和规范，如 PCI DSS（支付卡行业数据安全标准）、ISO 27001（信息安全管理体系标准）等。这些标准和规范提供了一套统一的安全框架和最佳实践，对支付系统的设计和运营具有指导意义。

支付技术与安全性密切相关。密码学技术通过加密和解密手段确保支付数据的机密性和完整性；生物识别技术可以提高支付的安全性和便捷性；区块链技术通过去中心化、不可篡改的特点保障支付交易的安全性。同时，支付系统需要采取一系列的安全措施，包括用户身份认证、防止网络攻击、数据加密等，以确保支付过程的安全性和可靠性。遵守相关的安全标准和规范也是保障支付安全的重要手段。这些技术和措施的应用可以提高支付的安全性，为用户和商家提供更好的支付体验。

（三）全球支付趋势

1. 国家与地区的支付规范

（1）欧洲 SEPA 规范

欧洲的支付市场受到 SEPA（Single Euro Payments Area）规范的统一管理。SEPA 规范的目标是建立一个无边界的欧洲支付市场，使欧元区内的国家和地区能够以相同的标准进行支付。SEPA 规范包括单一支付区域的银行账号、标准化的支付工具和金融机构之间的互操作性。

（2）中国电子支付政策

中国人民银行在推进电子支付市场发展和保障支付安全方面出台了一系列政策。例如，《非银行支付机构网络支付业务管理办法》规定了网络支付业务的准入条件和管理要求；《银行卡清算机构管理办法》规范了银行卡清算机构的运营和管理等。这些规定有助于提高支付市场的规范化、有序化和安全性。

2. 支付市场的特点

（1）发达国家和地区的支付市场

在一些发达国家和地区，电子支付已经得到广泛接受并成为主流支付方式。移动支付、无现金支付等新兴支付方式得到了快速发展。例如，北欧国家的手机支付普及率很高，人们使用手机完成各种支付交易。这些国家和地区的支付市场相对成熟，支付习惯已经形成。

（2）发展中国家的支付市场

在一些发展中国家，电子支付市场发展较慢，现金仍然占主导地位。这可能是金融基础设施相对薄弱、支付习惯较为保守、普及率低等原因导致的。然而，随着经济和科技的发展，这些国家和地区的电子支付市场潜力巨大，未来有望实现快速增长。

3. 跨境电子支付

（1）跨境支付系统

跨境电子支付涉及不同国家和地区的支付系统之间的交互。为了满足跨境支付的需求，国际组织和支付机构建立了跨境支付系统，如 SWIFT（国际资金清算系统）、CHIPS（Clearing House Interbank Payment System）等。通过这些系统，不同国家和地区的银行和金融机构可以进行跨境支付。

（2）货币兑换和汇率风险

在跨境电子支付中，涉及不同货币之间的兑换。支付参与者需要根据当前汇率折算支付金额。货币兑换涉及一定的风险，汇率的波动可能导致支付金额的变化，增加了支付的不确定性。

（3）跨境支付政策与合作

为促进跨境电子支付的发展，各国政府和国际组织制定了相应的政策和合作机制。例如，中国主导推出的"一带一路"倡议提出了促进跨境金融合作与支付便利化的目标，推动了参与国家间的支付合作和交流。国际组织如国际清算银行（BIS）、国际货币基金组织（IMF）等也通过制定相关指导和合作机制来促进跨境支付的发展。

4. 支付技术的创新

（1）云支付

云支付是一种基于云计算技术的支付方式。用户可以通过云支付服务提供商将银行卡、支付宝等信息存储在云端，实现随时随地进行支付。云支付提供了更加便捷的支付方式，同时也增加了支付的安全性。

（2）生物识别支付

生物识别支付是指使用个体的生物特征进行身份验证和支付。常见的生物识别支付技术包括指纹识别、虹膜识别、人脸识别等。生物识别支付具有高度的准确性和安全性，能够有效防止支付风险。

（3）人工智能与大数据分析

人工智能与大数据分析技术在支付领域得到了广泛应用。分析海量支付数据，可以识别异常交易和欺诈行为，提高支付的安全性。同时，人工智能技术还可以帮助优化支付流程，提升用户体验并提高支付效率。

二、金融科技与电子商务

（一）金融科技（FinTech）的崛起

首先，金融科技（FinTech）是指利用最新的技术和创新思维来改变传统金融服务业务的方式。金融科技的崛起为电子商务提供了丰富的金融工具和服务，如在线支付、借贷、投资、风险管理等，为电商企业提供了更加便捷和创新的金融支持。

其次，人工智能是金融科技领域的重要技术之一。通过人工智能技术，金融机构可以分析大量的客户数据，预测消费者行为和需求，并为电商企业提供个性化的金融产品和服务。例如，通过机器学习算法，金融科技公司可以根据用户的购买模式和偏好，提供定制化的信用贷款方案，促进电商企业的运营和发展。

再次，大数据分析在金融科技中的应用也非常重要。通过收集和分析大量的数据，金融科技公司可以了解消费者的行为和市场趋势，为电商企业提供更准确的风险评估和财务分析。此外，大数据分析还可以优化电商平台的用户体验，帮助电商企业预测销售趋势，提高订单管理和供应链效率。

复次，区块链技术为金融科技的发展带来了新的机会。区块链技术提供了去中心化和不可篡改的账本系统，可以用于建立安全可靠的电子支付和结算平台。通过区块链技术，电商企业可以实现快速、透明和安全的交易，减少支付风险和欺诈行为。此外，区块链技术还可以用于物流追踪、身份认证等方面，改进电商平台的运营和信任度。

最后，金融科技的崛起也引起了监管机构和政府的关注。为了保护消费者的权益和金融市场的稳定，各国政府和金融监管机构出台了一系列监管政策和规范，如合规要求、风险评估和数字资产监管等。这些措施促使金融科技公司在发展过程中遵守法律法规，确保金融服务的安全和公正。

金融科技的崛起为电子商务行业带来了丰富的金融工具和服务，提升了电商企业的竞争力和发展潜力。通过人工智能、大数据分析和区块链等技术的应用，电商企业可以实现更精细化的金融管理和风险控制。然而，在金融科技应用的过程中，我们需要注重用户隐私保护和安全风险的管理，同时与监管机构密切合作，以保证金融科技的可持续发展和社会效益。

（二）数字货币与加密资产

数字货币与加密资产在电商交易中的应用逐渐引起了广泛的关注。数字货币是一种基于密码学技术发行和管理的数字资产，如比特币、以太坊等。相比传统货币，数字货币的特点包括去中心化、匿名性、安全性高等。

首先，数字货币的本质是基于区块链技术的分布式账本系统。区块链技术通过去中心化的方式，记录和验证交易记录，确保交易的透明性和安全性。这使得数字货币在支付过程中无需第三方中介，降低了支付成本和时间。

其次，数字货币的发展趋势显示出巨大的潜力。随着智能手机和互联网的普及，数字货币的接受度和使用率不断提高。在一些发展中国家，数字货币已经成为主流支付方式，特别是在电商交易中。数字货币的快速便捷、安全可靠的特点受到电商从业者和消费者的青睐。

与传统支付方式相比，数字货币具有多种优势。首先，数字货币的支付速度快，通常只需要数分钟即可完成交易，相对于传统银行转账等支付方式更加迅速。其次，数字货币的交易费用较低，特别是对于跨境交易而言，可以节省汇款和外汇费用。此外，数字货币的安全性也是其一大亮点，由于使用密码学技术保障交易的安全，数字货币在支付过程中几乎无法被欺诈或篡改。

然而，与传统支付方式相比，数字货币也存在一些挑战和限制。首先，数字货币的价格波动性较大，在交易时需要考虑市场风险和价格变动。其次，数字货币虽然在某些地区被广泛接受，在其他地区仍面临着法律和监管的不确定性。

数字货币作为一种新兴的支付手段在电商交易中具有重要的意义。了解数字货币的本质和发展趋势，以及与传统支付方式的比较，有助于电商从业者更好地把握市场机遇，并为自身的业务发展提供新的可能性。然而，在应用数字货币时，我们需要注意合法合规的问题，同时也需要关注数字货币市场的稳定和可持续发展。

（三）电子商务安全与法律

1.安全技术与隐私保护

（1）网络安全技术

电子商务中的安全问题涉及网络攻击、数据泄露等方面。网络防火墙、数据加密、用户身份认证等安全技术的应用成为保障电商平台和用户信息安全的关键。

（2）隐私保护与合规性

随着个人信息的数字化和电商交易的普及，隐私保护问题变得尤为突出。了解相关的法律法规，建立隐私保护政策，确保企业的运营合规性，是电商企业不可忽视的一部分。

2.电子商务法律框架

（1）国内外电商法规

电子商务领域受到国内外不同的法规和法律框架的制约，包括《中华人民共和国电子签名法》《中华人民共和国电子商务法》等。深入了解这些法规对电商企业的经营和合规性有着重要的指导作用。

（2）电商合同与知识产权保护

电商活动中涉及的合同签订、履行，以及知识产权的保护问题都需要在法律框架下进行。了解相关法规，建立健全的合同体系和知识产权保护机制，是电商企业法务工作中的重要内容。

第三节　实际案例分析与讨论

一、行业案例的引入与分析

（一）经管类专业实验课程现状

1.实验课程的重视程度不高

在高校经管类专业中，实验课程的数量相对较少，而且在专业课程中所占的比例也不高。一般情况下，实验课程的学时较少，平均只占总学时的 15%～30%。这导致了学生在实践能力和技能培养方面的缺失。

2.实验项目设计欠科学

很多经管类专业的实验项目都是验证性实验，学生只需要按照老师给出的步骤进行实验，缺乏实际应用能力的培养。实验内容没有与实际问题相结合，缺乏创新和探索的因素。

3.实验考核方式单一

目前的经管类实验课程主要通过考勤和实验报告来评估学生的实验成绩。这种考核方式过于单一，无法全面评估学生的实际能力和创新水平。

4.实验环境封闭

许多高校经管类专业的实验室设施相对简陋，只配备了基本的计算机和仿真模拟系统，无法提供真实的应用场景和挑战。这样的封闭环境限制了学生的实践能力和创新潜力的发展。

（二）经管类专业引入开放性实验教学的必要性

1.培养学生的自主学习能力

开放性实验教学可以激发学生的主动性和自主学习能力。学生在开放性实验中需要自己选择问题、制订实验计划、整合资源、解决问题，培养了他们的主动学习意识和能力。

2.理论与实践的结合

开放性实验教学将理论知识与实践应用相结合，通过实践来验证和应用理论知识，帮助学生更好地理解和掌握所学知识。

3.培养应用与创新能力

开放性实验教学注重学生的应用能力和创新能力培养。学生在实践中面临真实的问题并提出解决方案，能够培养他们的应用能力和创新思维。

4.适应创新型、应用型人才培养需求

社会的发展，对创新型、应用型人才的需求越来越高。经管类专业引入开放性实验教学可以更好地培养学生的创新思维、实践能力和问题解决能力，提高他们的就业竞争力。

针对经管类专业实验课程现状，我们需要引入开放性实验教学，以培养学生的自主学习能力、理论与实践结合能力、应用与创新能力。为此，我们需要重视实验课程，设计科学的实验项目，拓宽实验考核方式，提供开放的实验环境。这样才能更好地满足当前社会对经管类专业人才的需求，并提升学生在实践中的能力和水平。

二、电子商务专业开放性实验教学案例

经管类专业在设计开放性实验教学时应注重实战性，将理论与行业前沿相结合，鼓励学生积极参与团队合作的实验项目，选择适合自身条件的角色开展持续性的实践，为学生就业和创业打下坚实的基础。基于上述理念，结合电子商务专业课程体系，我们实践了一批开放性实验项目，通过一段时间的实行，取得了一定的成效。

（一）"证能量"网站建设项目

1.案例背景

在电子商务专业的开放性实验教学中，我们选择了一个基于网站建设的项目，名为"证能量"。这个项目由学生团队自主命题，旨在制作并运营一个关于大学生考证方面的APP。该 APP 的主要内容包含各类大学生可考证书的信息，如报考条件、考试内容等，并设置了一些创新栏目，如考证推荐、互助学习等。通过这个项目，学生将在实践中学到网页制作、PS 技术、市场调查、网络推广等一系列电子商务专业所需的知识和技能。

2.案例内容

（1）团队合作与分工

项目团队由六名学生组成，分别来自电子商务专业的不同年级。在得到指导教师认可后，团队成员进行了详细的分工，涉及的专业知识包括网页制作、PS 技术、市场调查、网络推广等。

（2）实验过程

在实验过程中，学生团队首先收集各类证书的素材，处理大量的文案和图片。同时，准备网站建设的软硬件，购置并调试云空间，学习并利用开源系统制作网站框架。完成网站主体后，团队进行资源整合，与学校周边及线上培训机构洽谈合作事宜，为后续的运营打下基础。

（3）创新性与实战性

该项目在创新性和实战性方面表现出色。学生不仅在实践中应用多门专业课程的理论知识，而且深度掌握了网站开发技术等技术，突破了传统教学的知识范围。团队中不断涌现新的创意，体现了电子商务专业的特色。

3.案例效果

（1）提高专业综合能力

通过"证能量"项目，学生在提升专业综合能力的同时，创新创业意识也得到了加强。实验中不断有新的创意被提出，为电子商务专业学生的发展提供了更广阔的舞台。

（2）实际应用与经济效益

虽然目前项目还在运营初期，但学生团队充满干劲，坚信能取得好成绩。该项目有望为大学生提供丰富的考证信息，同时也具备一定的经济效益，为学生创业提供了实际的机会。

（二）基于抖音的短视频营销项目

1. 案例背景

另一个典型的实验项目是基于抖音的短视频营销。这个项目目前尚处于起步阶段，由学生团队自主命题。团队计划利用抖音平台，推出一系列原创短视频，为地方农产品进行推广。这个项目具有较强的前沿性和实战性，需要团队成员在市场调查、文案策划、视频拍摄与处理、网络推广等方面具备综合能力。

2. 案例内容

（1）团队构建与自主命题

该团队由学生自主组建，团队成员积极参与项目构思。项目要求团队在市场调查的基础上，进行文案策划，完成视频拍摄与处理，最终通过网络推广达到产品营销的效果。

（2）市场调查与创新营销

在实验过程中，学生团队需要进行详尽的市场调查，了解目标受众的喜好和需求。通过原创短视频，团队将创新的营销策略应用于实际操作中。

3. 案例效果

（1）前沿性和实战性

尽管该项目目前还处于起步阶段，但由于紧随行业热点，具有较强的实用性和趣味性。学生团队展现出极大的干劲，坚信能够取得良好的实验成果。这种类型的实验项目，若适当引导和扶持，完全可以发展成创业项目或参与各类电子商务竞赛，为学生提供更多的机会转化为实际成果。

（2）综合能力培养

该项目涉及市场调查、文案策划、视频拍摄与处理、网络推广等多方面的工作，为学生提供了一个全方位的实践平台。在实施过程中，学生将培养综合能力，提高在实际工作场景中解决问题的能力。

（3）可持续发展

这类项目具备可持续发展的特点，只要基于短视频的商业模式一直保持良性发展，该实验项目就可以保持旺盛的生命力。它可以吸收并培养一批又一批的学生，即便项目最终未获成功，也可使参与的师生学习和掌握丰富的实战经验。

通过这两个开放性实验教学案例，我们看到了学生在实际项目中的创新能力、团队合作精神及实际问题解决的能力得到了锻炼和提高。这为电子商务专业的开放性实验教学提供了宝贵的经验和启示，也为培养具备创新思维和实际操作能力的电子商务专业人才奠定了坚实基础。

三、经管类专业实施开放性实验的策略

虽然开放性实验教学具有很多的优点，但是在实际运行中也存在一些需要解决的问题，针对这些问题，我们需要根据实际情况，保障多方利益的同时，敢于创新。

（一）建设专业素质过硬的实验指导教师队伍

1.拓宽师资来源与选拔渠道

针对经管类专业开展开放性实验教学的要求，高校可以通过跨学科、跨专业的方式拓宽师资来源，可以邀请相关领域的专家学者、行业从业人员等作为兼职或外聘指导教师，提升实验指导教师队伍的专业素质。

2.加强实验教师培养与专业发展

高校可以设置相关的培训课程，提供实习教师的培训和专业发展机会，包括教学方法和教育技术的培训、学科知识更新的研修等。通过培训与发展，提高实验教师的教学水平和专业素养，增强其对开放性实验教学的理解和操作能力。

3.建立实验教师交流与合作平台

高校可以建立实验教师交流与合作平台，促进实验教师之间的交流与合作，共同研究实验教学的新方法和新模式。通过互相学习借鉴，共同提高实验教学水平，促进实验课程的不断创新与改进。

（二）提供可靠的开放性实验教学条件

1.加大实验设备和资源投入

高校应重视实验设备和资源的投入，提供符合开放性实验教学需求的实验室设施和器材。同时，要关注新兴科技领域的发展，及时更新实验设备和工具，以提供更好的实验条件，满足开放性实验教学的需求。

2.优化实验项目设计与管理

在开放性实验项目的设计和管理上，要注重实际应用和创新性。要鼓励学生选择与专业相关的实际问题，激发学生的创新思维和实践能力。同时，要完善实验项目验收、评价和管理机制，保证实验过程严谨、科学，给予学生真实的实践体验。

3.鼓励参与竞赛和创业

对于优秀的开放性实验项目，高校可以鼓励学生参加各类学科竞赛，提供相应的支持与奖励。此外，还可以为优秀的实验项目提供创业创新的机会，帮助学生将实验成果转化为实际应用，为他们创造更多的社会资源和发展机会。

（三）创新教学管理制度

1.免修相关课程的申请机制

对于经管类开放性实验项目与专业课程有较高关联度的情况，可以通过设立免修机制，鼓励学生在开放性实验中获得相关专业课程的学分，这不仅能够减轻学生的学业负担，也能够更好地激发学生参与开放性实验教学的兴趣和积极性。

2.强调对实践过程的评价与重视

在开放性实验教学中，应重视对学生实践过程的评价，注重学生实践能力的培养，而不仅仅是对实验结果的关注。实践过程的评价可以采用多种方式，包括实验报告、实验记录、实验展示等，全面评价学生的实践能力和创新思维。

3.探索合适的团队成员互评和自评机制

经管类开放性实验项目通常以团队形式完成，团队成员之间的分工与协作十分重要。在评价和考核方面，可以探索一些团队成员互评和自评的机制，以促进学生之间的合作与协作，提高团队整体实验能力。

对经管类专业实施开放性实验教学，需要建设素质过硬的实验指导教师队伍，提供可靠的实验条件，创新教学管理制度。这些策略可以帮助高校更好地推动开放性实验教学的实施，提高学生的实践能力和创新能力，为培养高素质的应用型专业人才奠定基础。

第六章 教学方法与教学策略

第一节 互动式教学与案例教学

一、互动式教学方法的应用

（一）创设实际场景

1. 虚拟商城平台的应用

在电子商务互动式教学中，虚拟商城平台是一个重要的工具。通过选择合适的虚拟商城平台，教师可以模拟真实的电子商务环境，为学生提供一个互动的学习场所。例如，可以使用 Magento 或 Shopify 等流行的电商平台，让学生在其中体验商品上架、订单管理、支付流程等关键环节，从而更深入地理解电子商务运营的复杂性。

2. 模拟交易系统的建构

除了虚拟商城平台，模拟交易系统也是创设实际场景的有效方式。通过搭建一个模拟的电子交易系统，学生可以参与到交易过程中，体验从购物车管理到订单确认的整个流程。这种实际操作有助于学生更深入地理解电子商务的交易机制和相关问题。

（二）小组合作与讨论

1. 问题情境设计

为促进学生之间的互动与合作，教师可以设计具有挑战性的问题情境。问题情境可以涉及实际的电商案例，要求学生以小组形式进行合作，共同解决问题。通过小组合作，学生可以充分发挥各自的优势，形成协作学习的氛围。

2. 团队协作能力培养

组织小组合作与讨论不仅有助于学术方面的互动，还能够培养学生的团队协作能力。在电子商务领域，团队协作是非常重要的能力，因为电商项目通常需要不同职能的人员共同合作。通过小组合作的方式，学生可以提高沟通、协调与合作的技能。

（三）实时互动工具的运用

1. 在线投票的引入

实时互动工具是推动课堂互动的关键。通过引入在线投票工具，教师能够及时了解学生对于某一问题或观点的看法。这为教学提供了方向，使教师能够根据学生的反馈调整教学策略，增强学习效果。

2.讨论板的建设

讨论板是学生与教师之间进行实时交流的有效工具。学生可以在讨论板上提出问题、发表观点，而教师可以及时回应。这种形式的互动不仅能够促进师生之间的交流，还能够激发学生的思考和表达能力。

（四）角色扮演与模拟操作

1.客服沟通场景的模拟

通过角色扮演，教师可以模拟客服沟通场景，让学生扮演客服人员与顾客进行互动。这样的模拟操作有助于学生培养良好的沟通技巧和服务意识，提高客户服务的质量。

2.营销推广活动的实际操作

在电子商务互动式教学中，模拟营销推广活动也是一种常见的实践方式。学生可以在模拟环境中设计并实施一场营销推广活动，包括广告制作、社交媒体推广等。这种实际操作有助于学生理解市场营销的策略与方法。

通过以上互动教学方法的应用，电子商务课程能够更贴近实际，激发学生的学习兴趣，提高他们在实际工作中的应用能力。

二、案例教学在实验课程中的实施

（一）选取真实案例

1.行业内的成功案例

在实验课程中，可以选取一些电商行业内的成功案例作为教学材料。这些案例可以涉及电商平台的创新模式、市场营销策略的成功实践等方面。通过学习成功案例，学生能够了解电商行业的发展趋势和成功经验，激发他们的学习兴趣。

2.面临挑战的问题案例

除了成功案例，还可以引入一些电商行业面临的挑战性问题的案例。这些案例可以涉及供应链管理、售后服务、争议解决等方面。通过学习问题案例，学生能够深入了解电子商务运营中的困难和挑战，并寻找解决方案。

（二）案例分析与讨论

1.案例详细解读

在课堂上，教师可以对选取的案例进行详细解读。通过分析实际案例中的各种细节和环节，学生能够更深入地了解案例中所涉及的问题和因果关系。

2.学生讨论与思考

学生需要以案例为基础，进行讨论和思考。教师可以提出相关的问题，引导学生深入思考和分析，并鼓励他们积极参与讨论，表达自己的观点和见解。

（三）学生主导的案例学习

1.小组讨论与合作学习

教师可以将学生分成小组，在小组内进行案例讨论和合作学习。每个小组可以从不同的角度和维度进行分析，然后进行集体讨论，分享各自的发现和思考。通过小组合作学习，学生可以互相借鉴、互通有无，提高问题解决能力。

2.学生独立研究报告

学生可以选择自己感兴趣的案例进行独立研究，撰写相关的报告。通过独立研究和报告撰写，学生能够深入挖掘案例中的问题和解决方案，培养独立思考和解决问题的能力。

（四）实地考察与调研

1.实地考察电商实体店或线上店铺

实地考察是将案例教学与实践经验相结合的一种方式。教师可以组织学生进行实地参观电商实体店或线上店铺，让学生了解实际的营销策略和经营模式。通过实地考察，学生能够将理论知识与实践经验相结合，更深入地理解案例中所涉及的问题和挑战。

2.座谈交流与电商从业者

教师可以邀请电商行业的从业者进行座谈交流，让学生从一线实践者处了解电商行业的实际情况和运营经验。从业者可以分享自己在电商行业中遇到的问题、解决方案和经验，学生可以从中获得宝贵的实践经验和启发。

案例教学在电子商务实验课程中的实施需要选取真实案例，进行详细分析与讨论，鼓励学生主导案例学习，结合实地考察和调研。这些方法能够帮助学生更好地理解电子商务的运营模式和挑战，培养他们的分析和解决问题能力，提高学生的实践能力和创新能力。

第二节　团队合作与项目驱动的学习

一、团队协作技能的培养

（一）团队建设与角色分工

团队建设是团队协作的基础，通过引导学生在电子商务实验中建设团队，可以培养他们的协作精神和沟通技能。在项目开始前，教师可以组织团队成员相互介绍，了解各自的专业背景、兴趣和技能。这有助于团队成员更好地了解彼此，形成互补和协同工作的动力。

在团队建设的同时，明确的角色分工也是至关重要的。教师可以指导学生根据各自的专业优势和兴趣，合理划分团队成员的角色，确保每个成员在项目中都有明确的任务和责任。这有助于培养学生的领导力、团队协调和协同工作的能力。

（二）沟通与决策技能的培养

在团队协作中，有效的沟通是确保项目进展顺利的关键。教师可以通过模拟实际项目场景，设计在线讨论、团队会议等活动，让学生在实践中提高沟通效果。强调团队成员之间的相互交流，培养学生倾听、表达和理解他人观点的能力。

决策技能也是团队协作不可或缺的一部分。通过参与决策过程，学生能够培养在团队中独立思考、权衡利弊的能力。教师可以引导学生在项目中参与决策，从而提高他们的问题解决和判断能力。

（三）冲突管理与合作精神

在团队协作中，冲突是不可避免的，但如何有效地管理和解决冲突至关重要。教师可以设计冲突解决的案例，引导学生通过协商、妥协等方式解决问题。这有助于培养学生的沟通协商技能，使他们能够在实际工作中有效地处理团队内部的矛盾。

同时，强调合作精神是团队协作中的重要价值观。教师可以通过案例分析、团队分享会等方式，让学生明白在一个团队中，个体的付出对整个团队的成功至关重要。培养学生的合作意识，使他们能够在团队中共同努力，实现协同效应。

通过以上团队建设、沟通与决策技能培养、冲突管理与合作精神的实施，电子商务实验教学能够更全面地培养学生的团队协作能力，使其在未来职业生涯中更好地适应团队工作的需求。

二、项目驱动学习的设计与实践

（一）项目制学习的设计

首先，在项目实施阶段，学生需要全面了解项目的背景和目标。教师可以引导学生深入分析电子商务领域的实际问题，确定项目的目标和可行性。这个阶段的首要任务是确保学生对项目的整体框架和目标有清晰的认识，为后续的实际操作奠定基础。

其次，教师可以协助学生制订详细的项目计划。项目计划应包括项目的阶段性任务、时间安排、资源需求等方面的内容。

这有助于学生在整个项目周期内保持良好的时间管理和资源调配，提高项目的执行效率。通过参与计划的制订，学生将培养项目管理和组织能力，了解项目执行的复杂性。

再次，在实际操作中，学生需要运用在课堂上学到的电子商务理论知识。这可能包括搭建电子商务平台、制订推广计划、进行数据分析等多个方面。教师应在实践中引导学生运用理论知识解决实际问题，注重操作步骤的准确性和技能的熟练度。

最后，在项目执行的实践中，学生将深化对电子商务理论的理解，并培养实际解决问题的技能。教师可以通过观察学生的实际操作，及时发现并解决可能存在的问题，确保项目朝着预定的方向顺利推进。同时，通过实际操作，学生还能够体验到电子商务实践中的挑战，提高问题解决和应变能力。

（二）项目执行的实践

首先，项目驱动学习在电子商务实验教学中的设计至关重要。在构建项目时，教师应确保项目具有一定的难度，旨在激发学生的学习兴趣和解决问题的动力。项目的难度需要适度挑战学生，推动他们深入思考和应用所学知识。为了实现这一目标，教师可以考虑引入一些新颖而复杂的电商问题，涉及行业的最新趋势、技术的前沿等方面，以确保学生在项目中面临有挑战性的任务。

其次，项目应直接涉及电商领域的实际问题。通过与企业合作、参考真实案例等方式，教师可以确保项目与电商实践紧密相关。这有助于将理论知识与实际应用相结合，让学生在解决实际问题的过程中更好地理解和应用所学的概念。例如，可以设计一个电子商务平台的搭建项目，要求学生考虑平台的功能、用户体验、推广计划等方面，从而全面锻炼他们的能力。

再次，通过与企业进行合作，可以使项目更具挑战性和实际意义。与企业的合作可以为学生提供一个更真实的工作环境，让他们直接面对行业的实际问题。此外，学生有机会与企业专业人士互动，获取实践经验和行业洞察，促使他们更好地理解电子商务领域的复杂性。

最后，为了确保项目制学习的有效实施，教师需要在项目设计中考虑学生的综合素养培养。项目不仅应关注专业知识的应用，还应注重学生的团队协作、创新能力、问题解决等方面能力的培养。综合性的项目设计，可以全面提高学生在电子商务领域的实际应用水平。

项目制学习在电子商务实验教学中的设计需要注重项目的难度、实际问题的涉及、与企业的合作及学生综合素养的培养。精心设计的项目，可以更好地激发学生的学习兴趣，促使他们更全面地理解和应用电子商务领域的知识。这一设计不仅有助于提高学生的实际应用能力，也符合现代教育模式的发展趋势。

（三）团队合作与成果展示

首先，项目驱动学习的核心理念是通过实际项目的完成来推动学生的学习。在这个过程中，团队合作成为不可或缺的一部分。教师应设立明确的项目任务，让学生以小组形式共同协作，分工合作，共同面对项目挑战。通过这种方式，学生能够培养团队合作的技能，包括沟通、协调、合作等方面的能力。

其次，为了更好地了解每个团队的学习过程，教师可以组织定期的团队分享会。在这些分享会上，每个团队有机会展示他们的项目进展、遇到的问题及采取的解决方案。这种分享会的举办有助于学生之间的互动交流，能够激发更多的创新和问题解决的思路，提高整个团队的综合素养。

再次，为了进一步提升学生的表达能力和团队协作能力，教师可以鼓励学生将项目成果以报告、展示等形式呈现。通过展示，学生不仅可以展现他们在项目中的贡献和学到的知识，还能够锻炼自己的表达能力。此外，展示也为学生提供了与他人分享和交流的平台，从而促进整个班级的学习氛围。

最后，团队合作与成果展示不仅仅是学生自身能力的提升，也是培养学生在未来职业生涯中所需的重要素养。通过项目的协同完成和成果的展示，学生在实际工作中将更容易适应和融入团队合作的环境，提高他们在职场上的竞争力。

综合而言，团队合作与成果展示是项目驱动学习中的重要环节。通过这一过程，学生不仅能够培养团队协作的技能，还能够提升表达能力和分享经验的能力，为将来的职业发展打下坚实的基础。这一教学设计不仅符合项目驱动学习的理念，更有助于学生全面素养的提升。

第三节　虚拟实验室与模拟仿真

一、虚拟实验环境的建立

（一）虚拟实验室的定义与特点

1. 虚拟实验室的定义

虚拟实验室可被定义为一种基于计算机技术的创新型教学模式，其目的在于通过模拟真实实验场景，为学生提供更加灵活、安全、可控的实验环境，是现代教育技术的重要产物，旨在弥补传统实验室的一些局限性，为学生提供更广泛的实验体验。

首先，虚拟实验室是依托计算机软硬件技术而存在的教学工具。通过计算机技术，虚拟实验室构建了数字化的实验场景，为学生创造了一种虚拟环境，使其能够在这个数字化的空间中进行实验操作。这种数字环境的构建为学生提供了更加直观、可视化的学习体验，同时也为教师提供了更丰富的教学手段。

其次，虚拟实验室的核心在于模拟真实情境。通过模拟实验场景，学生能够在虚拟环境中进行实际的操作，这有助于提高其实验操作能力、培养科学思维及加强问题解决能力。虚拟实验室的设计不仅要注重技术的先进性，更要贴近实际应用场景，确保学生能够在虚拟环境中获得与真实实验相近的体验。

再次，虚拟实验室的教学方法强调通过模拟真实情境提高学生的实践能力。学生在虚拟实验室中能够进行各种实验操作，如搭建电子商务平台、制订推广计划等，从而更好地应用所学知识。这种实践型的学习方式有助于培养学生的创新精神和实际问题解决能力。

最后，虚拟实验室是现代教育技术的产物，其发展旨在弥补传统实验室的一些不足。传统实验室受到空间、时间、设备等多方面的限制，而虚拟实验室通过数字技术的应用，克服了这些限制，使学生能够更加便捷地进行实验操作，提供了更广泛的实验体验。

虚拟实验室是一种基于计算机技术的教学模式，通过模拟真实场景，为学生提供灵活、安全、可控的实验环境。其设计理念包括数字环境的构建、模拟真实情境、强调实践能力，以及弥补传统实验室不足。这一教学模式的发展有望为学生提供更加丰富、切实的学习体验，为教育领域的创新注入新的活力。

2. 虚拟实验室的特点

（1）实验场景的数字化

虚拟实验室的主要特点之一是实验场景的数字化。先进的计算机图形技术，可以精确还原真实实验场景，包括实验仪器、设备、实验材料等。学生可以在计算机上逼真地操作和观察实验过程，达到近乎真实的实验体验。

（2）实验条件的可控性

与传统实验室相比，虚拟实验室具有更好的实验条件可控性。教师可以通过软件设定各种实验参数，模拟不同的实验条件，让学生在不同的环境下进行实验。这有助于学生更全面地理解实验原理和影响因素。

（3）学生参与度的提高

虚拟实验室的另一显著特点是提高了学生的参与度。学生可以在个人计算机上进行实验操作，不受时间和地点的限制，有更大的灵活性。此外，虚拟实验通常以富有趣味性的方式呈现，能够激发学生的学习兴趣，促使他们更主动地参与到实验中。

定义与特点的详细介绍，可以更好地理解虚拟实验室在教学中的作用和优势。这种创新型的实验教学方式有望在电子商务领域的专业课程中发挥重要作用，提高学生的实际操作能力和实验理解水平。

（二）虚拟实验室的建设步骤

1. 需求分析与设计

（1）需求分析

在建设虚拟实验室之初，进行详细的需求分析是关键步骤。首先，对电子商务专业实验课程的学科特点进行深入了解，明确实验目标和学习要求。通过与教学大纲对比，确定虚拟实验室应覆盖的知识点和技能要求。

（2）设计规划

基于需求分析的结果，进行虚拟实验室的设计规划，包括但不限于场景设计、操作流程、交互界面等方面的规划。这一阶段需要综合考虑学科特点、学生群体的特征及教学目标，确保虚拟实验室的设计与实际教学需求紧密相连。

2. 软硬件平台的选择

在建设虚拟实验室时，选择适合的软硬件平台是一个关键的决策。这一选择需要充分考虑多个因素，其中包括系统的稳定性、兼容性及学生使用的便捷性。为确保实验室平台的顺利运行，系统的稳定性是至关重要的，它直接关系到学生在实验中的操作体验和学习效果。兼容性方面，需要确保所选平台能够与不同的设备和操作系统协同工作，以满足学生多样化的学习需求。

与此同时，考虑利用云计算等先进技术，实现虚拟实验的随时随地操作，将为学生提供更大的灵活性。这种方式不仅使学生能够在任何地点进行实验，还能够有效地解决硬件资源的限制问题。通过云计算技术，学生可以通过互联网随时访问实验室资源，不再受制于特定地点或设备，从而提高了学习的便捷性和灵活性。

因此，软硬件平台的选择不仅要关注基本的操作需求，还要考虑未来技术的发展趋势，以确保虚拟实验室在长期内能够保持先进性和可持续性。这一综合性的考量将有助于构建一个适用于电子商务实验教学的高效、便捷和灵活的学习平台。

3. 虚拟实验资源的开发

虚拟实验资源的开发包括建模、场景设计、实验数据模拟等方面。建立真实可行的实验模型，设计逼真的场景，模拟实验数据的生成过程，确保虚拟实验的真实性和可操作性。

4. 系统测试与改进

（1）系统测试

在建设完成后，进行系统测试。模拟学生的实际操作，验证虚拟实验室的各项功能是否正常运行，是否符合教学设计的要求。

（2）改进优化

根据系统测试的结果，及时发现问题并进行改进。保证虚拟实验室的稳定运行。同时，不断优化系统性能，提升用户体验。

以上建设步骤，可以确保虚拟实验室在电子商务专业实验教学中起到很好的辅助作用，提高学生的实际操作能力和实验理解水平。

（三）模拟仿真在实验教学中的应用

1. 模拟仿真的定义及意义

模拟仿真是一种通过计算机技术模拟实际系统运行过程的方法。在实验教学中，模拟仿真能够提供高度还原真实环境的实验体验，使学生在安全、可控的条件下进行实验。

2. 模拟仿真在电子商务实验中的应用

（1）电子商务流程仿真

通过模拟仿真，学生可以参与到完整的电子商务流程中，从商品上架到交易完成，全面了解电子商务的各个环节。

（2）营销策略模拟

模拟市场环境，学生可以制定和调整营销策略，观察不同策略对销售业绩的影响，培养市场分析和营销决策的能力。

（3）风险管理模拟

通过模拟电商运营中可能遇到的风险，如支付风险、物流风险等，学生可以学习制定风险管理方案，提高对潜在问题的应对能力。

（四）模拟仿真实例分析

1. 实验目标与设计

（1）实验目标

通过模拟仿真实例分析，实验的主要目标是让学生了解电子商务平台的搭建过程和相关技术，培养他们的数据库设计、前端页面开发和用户交互等能力。同时，还可以帮助学生理解电子商务平台运营中的问题和挑战。

（2）实验设计步骤

1）需求分析

学生需要对电子商务平台进行需求分析，明确平台的功能、用户特点和交互流程等。

2）数据库设计

学生根据需求分析结果，设计电子商务平台所需的数据库结构，包括表的设计、字段的定义等。

3）前端页面开发

学生利用相应的开发工具，根据设计好的数据库结构，编写前端页面代码，实现用户界面的展示和交互。

4）用户操作模拟

学生通过模拟用户操作，例如用户注册、商品上架等，测试电子商务平台的功能和交互是否符合预期。

5）数据分析

学生收集模拟操作产生的数据，对用户行为、商品销售情况等进行分析，提取有关信息及发现可能存在的问题。

2.操作步骤与数据分析

（1）操作步骤

学生按照实验设计的步骤进行操作，首先进行需求分析，明确平台功能和用户行为；然后根据需求设计数据库结构；接着开发前端页面实现用户界面展示和交互；最后模拟用户操作进行测试。

（2）数据分析

学生收集模拟操作产生的数据，例如用户注册的数量、商品上架的情况等，可以通过数据分析工具对数据进行处理和分析，包括数据统计、趋势分析、用户行为分析等，以获取有关信息和发现问题。

3.实验效果评估

（1）实验表现评估

教师可以通过对学生在实验过程中的操作技能、问题解决能力和创新思维等方面进行评估，以确定他们在模拟仿真实例分析中的表现。

（2）实验结果评估

教师可以评估学生完成的电子商务平台搭建效果，包括数据库设计的合理性、前端页面的交互体验和模拟操作测试的结果等。评估实验结果，可以判断学生对电子商务平台搭建的理解程度和能力水平。

通过虚拟实验室的建立和模拟仿真在实验教学中的应用，电子商务专业的学生能够在真实场景中进行实验操作，提高实际应用能力，同时降低了实验过程中的风险，推动了实验教学的创新和发展。

第四节　讨论与反馈机制

一、学生讨论的组织与引导

（一）小组讨论组织

1.分组原则与方法

（1）分组原则

在电子商务实验教学中，学生分组的原则是多元化。这意味着可以根据学生的专业背景、兴趣爱好等因素进行灵活组合。以下是一些分组原则：

1）跨专业组合

将不同专业背景的学生组合在一起，促使他们在跨学科的环境下进行讨论。这样的组合有助于拓宽学生的视野，促进多学科的交叉思考。

2）兴趣相投组合

根据学生的兴趣爱好进行组合，使得组内成员在讨论主题上更具激情和积极性。这种方式有助于激发学生的创造性思维，提高讨论的深度。

（2）分组方法

1）自主组队

鼓励学生自主组队，根据自己的兴趣和认识选择合适的小组成员。这样的方式能够增加学生的参与度，使小组内成员更加合拍。

2）随机分组

通过随机方式分组，确保每个小组都是多样化的。这种方式能够避免学生过于集中在熟悉的同学中，促使他们更广泛地接触不同背景的观点。

2.小组角色设定

（1）角色设定原则

为了更好地组织讨论，设定不同的小组角色是必要的。在电子商务实验教学中，可以设定以下角色：

1）组长

负责组织和安排小组讨论，协调成员之间的关系，确保讨论进程顺利进行。

2）记录员

负责记录小组讨论的要点和结论，起到备忘和总结的作用。记录员要保证信息的准确性和完整性。

3）发言人

代表小组向全班汇报讨论结果，分享小组的观点和得出的结论。发言人需要具备清晰的表达和沟通能力。

（2）角色设定方法

1）轮换制度

通过轮换制度，让每个成员都有机会担任不同的角色，这有助于培养学生全方位的能力，提高团队协作水平。

2）依据专长

根据每个学生的专业特长和个人能力，有针对性地分配角色。这样可以确保每个成员能够充分发挥自己的优势。

通过以上的小组分组和角色设定，能够更好地促进学生在电子商务实验教学中的协作和交流，提高讨论效果和学习体验。

（二）讨论主题的设定

1.教学目标与主题关联

（1）教学目标的明确

在电子商务实验教学中，讨论主题的设定应当与教学目标紧密关联。要对教学目标进行明确界定，明确学生在实验教学中应该具有的技能、知识和能力，为主题设定提供明确的方向。

1）技能目标

确定学生在实验中需要培养的技能，例如团队协作、问题解决、创新思维等。主题设定要有助于锻炼和评估这些技能。

2）知识目标

确保主题设定与实验课程的知识体系相契合，让学生在讨论中能够巩固和应用所学的专业知识。

3）能力目标

主题设定要考虑培养学生的实际操作能力，例如在电子商务环境下进行决策、分析数据等方面的能力。

（2）主题设定的难度和挑战性

1）难度设定

主题设定应当有一定的难度，能够激发学生挑战自我，突破知识边界的欲望，使讨论变得更具深度。

2）挑战性

通过增加主题的挑战性，可以激发学生的兴趣和积极性，让他们更加主动地投入到讨论中，从而更好地实现教学目标。

2. 实际问题与案例分析

（1）实际问题的引入

1）行业热点问题

选择与电子商务领域当前行业热点相关的实际问题，让学生在讨论中了解最新发展，增加实际应用的紧迫感。

2）企业案例问题

引入企业案例，通过具体实例分析，让学生更深入地理解理论知识，并能够将知识运用到实际情境中。

（2）案例分析的运用

1）真实案例

选择真实可信的案例，帮助学生从实际问题中获取经验和启示，提高他们的问题解决能力。

2）多角度分析

通过案例分析，引导学生从不同角度思考问题，培养他们的综合分析能力，使讨论更加全面和深入。

通过以上方式，讨论主题的设定将更加有针对性，能够更好地引导学生实现教学目标，提高实验教学的效果。

（三）引导学生发表观点

1. 尊重学生观点

（1）创设宽松的氛围

在电子商务实验教学的讨论环节，教师首先需要创设宽松、开放的氛围。这样的氛围有助于打破学生的顾虑和拘谨，使他们更愿意分享自己的观点和看法。

1）鼓励积极参与

教师可以通过鼓励积极参与、表扬学生的好思考等方式，激发学生愿意在讨论中表达自己观点的信心。

2）尊重多样性

尊重学生的多样性，包括文化、思维方式等，让每个学生感到在这个讨论环境中都能够被尊重和理解。

（2）提高学习积极性

1）设立奖励机制

设立一定的奖励机制，如优秀观点奖、最佳发言奖等，激发学生的积极性，让他们更主动地参与到讨论中。

2）引导分享经验

通过引导学生分享个人的经验和见解，让讨论更加贴近实际，提高学生的兴趣和投入度。

2.提出开放性问题

（1）引导深入思考

1）问题设计的策略

教师在提出问题时，可以采用多层次、多方向的设计策略，引导学生在思考中深入挖掘问题的内涵。

2）利用案例引导

结合电子商务领域的实际案例，提出与实际问题相关的开放性问题，通过案例引导学生深入思考和广泛讨论。

（2）创造性思维的激发

1）激发创新思维

通过开放性问题的设计，激发学生的创新思维，鼓励他们从不同的角度思考问题，提出富有创意和前瞻性的观点。

2）引导探索未知领域

设计一些涉及未知领域的问题，引导学生进行探索性的思考，培养他们在未知情境下解决问题的能力。

通过以上方法，教师可以更有效地引导学生发表观点，增加讨论的深度和广度，提高学生的思辨能力和学术素养。

（四）激发学生的批判思维

1.引导不同观点和反驳

（1）多元观点的鼓励

在电子商务实验教学的讨论中，教师应该鼓励学生提出多元化的观点。在讨论中呈现不同的看法，可以拓展学生的思维广度，培养他们更全面、更多角度地看待问题的能力。

1）跨学科观点引入

教师可以引导学生跨足不同学科领域，将其他领域的知识和观点引入电子商务讨论，促使学生从多维度思考问题。

2）实际案例的比较

通过对实际案例的比较分析，鼓励学生提炼不同的观点，深入挖掘案例中的利弊、得失，培养他们对问题的综合性思考。

（2）合理反驳的培养

1）引导逻辑推理

教师应引导学生进行合理的逻辑推理，使其在反驳时能够用事实和逻辑对自己的观点进行支持，增加讨论的深度和透彻性。

2）分析对立观点

鼓励学生在分析对立观点时，不仅要反驳其表面意见，更要深入挖掘其背后的逻辑和假设，培养学生深层次的批判性思维。

2. 提供及时反馈

（1）实时讨论过程中的指导

1）即时评价

在学生讨论的过程中，教师应及时给予学生评价，指导他们在批判性思维方面的表现，帮助他们更好地理解问题的本质。

2）引导改进

通过及时的反馈，教师不仅可以指出学生在批判性思维方面的不足，还要提供具体的改进建议，引导学生在下一次讨论中有所突破。

（2）课后反思和深化

1）课后总结

教师可以组织学生在课后对讨论进行总结，指导他们回顾自己的观点和反驳，加深对批判性思维的理解。

2）鼓励深入思考

通过给予深入思考的问题，引导学生在课后进一步思考和探讨，不断提高他们的批判性思维水平。

通过以上方法，教师能够有效地引导学生在电子商务实验教学中展开有深度的讨论，培养其批判性思维、逻辑推理和问题分析的综合能力。

二、及时反馈与评估机制的建立

（一）反馈的及时性

1. 口头反馈

首先，建议在电子商务实验教学中建立即时性的口头反馈机制。教师可以在学生进行讨论或提出观点的过程中，随时给予简短但具体的反馈。这种及时性的反馈有助于学生在学习过程中更好地理解自己的观点被理解的程度，也促进了教学过程的互动性和灵活性。

其次，口头反馈应注重积极的、建设性的沟通。教师在反馈时可以突出学生的优点和正确的观点，同时指出需要改进的地方。这种正面和建设性的反馈有助于激发学生的学习兴趣，同时帮助他们更好地理解知识点。

再次，口头反馈应个性化。不同学生在学习过程中存在差异，教师可以根据学生的学习风格和水平，提供个性化的口头反馈。这种差异化的反馈有助于更好地满足学生的学习需求，使每名学生都能够得到有效的引导。

最后，口头反馈应当鼓励学生积极参与。教师可以通过提问、邀请学生发表观点等方式，激发学生的思考和表达欲望。在学生参与的过程中，教师可以给予及时的反馈，强调对于他们参与的重视，从而促进更深层次的学习。

建立细致入微的口头反馈机制，可以提高电子商务实验教学的质量，加强教师与学生之间的互动，促进知识的深度理解和应用。

2.书面反馈

首先，建议在电子商务实验教学中建立学生的书面反馈档案。通过电子邮件或在线平台，教师可以记录学生的学术表现、问题和改进方向。这样的书面档案不仅有助于教师更全面地了解每位学生的学习历程，也使学生能够追踪自己的学术进步和改进点。

其次，书面反馈的一种形式是详细批改作业。在学生提交的作业中，教师可以通过批注、评语等方式提供详细的反馈。这种书面反馈不仅能帮助学生理解自己的错误，还能为他们提供具体的改进建议，促使他们在下次作业中避免相同的错误。

再次，教师可以要求学生定期提交学习进展报告。这些报告可以包括他们对所学知识的理解、遇到的问题、解决问题的方法等。通过书面形式，教师可以更深入地了解学生的学习过程，及时发现潜在问题并提供指导。

最后，书面反馈应当注重提供学术建议。教师可以根据学生的表现，为其提供关于学术发展、职业规划等方面的建议。这种书面形式的反馈不仅有助于学生的学业规划，还能够培养他们的学术自觉性和职业发展意识。

通过灵活运用书面反馈形式，教师可以更全面、系统地指导学生，使其在电子商务实验教学中取得更好的学术成就。

（二）多样化的评估方式

1.小组报告

首先，教师在设计小组报告时应明确定义其目的和任务。明确的目标有助于引导学生集中精力，确保报告内容紧密围绕实验课程的核心知识点展开。任务的明确性有助于学生理解报告的要求，激发他们的学术研究兴趣。

其次，小组报告的成功离不开良好的团队合作和明确的分工。教师应鼓励学生充分发挥各自的专长，确保每个小组成员在报告中都能贡献独特的见解和能力。通过分工，可以提高报告的深度和广度，同时培养学生团队协作的能力。

再次，教师在设计小组报告时应设定详细的要求和评估标准。这包括报告的结构、内容涵盖的方面、参考文献的使用等。通过清晰的标准，教师可以更加客观地评估学生的表现，也能够帮助学生更好地理解如何完成一个高质量的报告。

最后，小组报告的最终环节是报告展示和评价。教师可以组织每个小组向全班陈述他们的研究成果和结论。在这个过程中，学生能够展示他们对实验课程内容的理解和运用能力。同时，教师应设立评价环节，提问小组成员，加深对报告内容的理解，促使学生深入思考。

通过以上设计，小组报告不仅成为对实验课程内容深入理解的一种方式，也为学生提供了展示团队合作和表达能力的平台。这种实践型的评估方式有助于培养学生的研究和沟通能力，进一步提升实验教学的质量。

2.案例分析报告

首先，教师在布置案例分析报告任务时，应明确案例的背景和分析的目的。这有助于学生深入了解案例所涉及的电子商务实践场景，并明确分析的方向。教师可以选择真实行业案例或模拟案例，确保其与课程内容和学习目标紧密相关。

其次，案例分析报告的核心在于学生的独立思考和广泛调研。教师应鼓励学生通过查阅相关文献、数据和行业报刊，深入了解案例中存在的问题，并寻找行之有效的解决方案。这有助于培养学生的信息检索和分析能力。

再次，为了确保案例分析的深度和逻辑性，教师可以在任务中指导学生使用适当的分析框架和方法。这包括 SWOT 分析、PESTLE 分析等工具，有助于学生系统性地解剖案例，全面考虑外部环境和内部因素。

最后，案例分析报告应强调提出的解决方案的实际可行性。学生需要思考他们提出的解决方案是否符合电子商务实践的实际情境，是否考虑到了潜在的挑战和可持续性。这有助于培养学生的实际问题解决能力和对业务环境的敏感性。

通过以上设计，案例分析报告成为学生运用课程知识解决实际问题的重要手段。这种任务既能够评估学生的专业能力，又能够培养其独立思考和综合运用知识的能力。

3. 课堂问答

首先，教师在课堂问答环节前应提前准备一系列引导性问题。这些问题应该贴近课程的核心概念和学习目标，有助于引导学生思考和讨论。问题的设置可以从基础知识到拓展性问题，逐步引导学生深入思考。

其次，教师在提问时应鼓励学生积极参与，可以通过奖励机制、表扬优秀回答等方式激发学生的兴趣和主动性，营造一个积极、开放的课堂氛围，让学生感到安心，更愿意分享自己的观点。

再次，问题的设置应具有多样性和层次感，不仅包括简单的回答性问题，还应包括引导学生分析、综合运用知识的问题。通过多层次问题的设置，教师能够更全面地了解学生对知识的掌握情况，推动他们思考上的深度发展。

最后，课堂问答不仅仅是学生与教师之间的互动，教师还可以引导同学之间的互助。教师可以设立小组合作回答问题的环节，让学生通过讨论和合作，共同解决问题。这不仅提升了学生的团队协作能力，也拓展了他们的思维广度。

（三）学生互评和自评

1. 小组互评

首先，教师在实施小组互评前，应建立明确的评价标准。这些标准可以包括但不限于团队合作能力、任务分工、沟通效果等方面。明确的评价标准有助于学生更有针对性地进行评价，也使整个评价过程更加公正和客观。

其次，教师需要通过激发学生参与的积极性来推动互评的有效进行，可以采用匿名互评的方式，让学生更自由地表达意见。此外，设立奖励机制，如优秀互评成绩可以作为一部分课程成绩，这有助于激发学生的积极性。

再次，互评不仅仅是对他人的评价，更需要提供具体、有建设性的反馈。教师可以在互评前进行指导，教导学生如何明确表达自己的看法，以及如何给予建设性的建议。这有助于确保互评的结果更具实质性和可操作性。

最后，互评的目的不仅在于评价个体，更在于引导整个小组共同成长。教师可以在互评的基础上组织团队反思和讨论，促使学生认识到团队合作中的优势和不足，为今后的合作提供更好的基础。

2. 自我评价

首先，学生在进行自我评价之前，应该建立明确的评价标准。这些标准可以包括学科知识掌握情况、实际操作能力、团队协作表现等多个方面。明确的评价标准有助于学生更有目的地进行自我反思，确保评价的全面性和客观性。

其次，自我评价需要鼓励学生进行深度思考和自省。学生可以分析自己在实验课程中遇到的困难、取得的进步及参与团队合作时的体验。这种深度的自我反思有助于提高学生对自身学习过程的洞察力，使评价更加有深度。

再次，自我评价不仅要指出问题，更需要制订明确的改进计划。学生可以根据自己的评价结果，设定短期和长期的学习目标，并规划相应的学习策略。这样的自我管理和改进意识有助于培养学生的自主学习能力。

最后，自我评价应该成为学生学习过程中的长效机制。学生可以在每个学期结束时进行自我评价，形成学习档案并进行比较。这有助于学生建立学习反馈的闭环机制，不断完善自己的学习方法和策略。

（四）教师反馈和指导

1. 及时反馈

及时反馈是教学过程中至关重要的一环。一方面，教师在评估学生的表现后，应当立即明确指出学生在学科知识、实际操作、团队合作等方面的优点和不足。积极强调学生的优势，可以激发其学习动力，增强自信心。另一方面，对于学生存在的不足之处，教师应当给予具体的改进建议，指导学生如何纠正错误和提升能力。

及时反馈的价值在于帮助学生及早发现问题，避免问题积压和延误。通过明确的反馈，学生能够清晰了解自己的学业状况，及时调整学习方向，采取有效的学习策略。这有助于促进学生个人的全面成长，使其更好地适应学科的要求和发展需求。

教师的及时反馈不仅是对学生的一种关怀和支持，更是提高教学效果的有效手段。建立积极的反馈机制，可以促使学生更加积极主动地参与学习过程，形成良性的学习循环。在及时反馈的基础上，学生能够更有针对性地改进学习方法，提高学业水平，为未来的学习和职业发展奠定坚实基础。

2. 指导学生改进

在电子商务实验教学中，教师在评估学生的表现后，不仅仅应该停留在总结和反馈阶段，更需要提供有针对性的指导，以帮助学生改进。这种指导应当是具体而实用的，包括但不限于提供明确的建议、分享实际操作的方法和推荐相关阅读材料。

首先，教师可以根据学生在讨论中的表现和评估结果，深入分析学生的不足之处，并明确指出问题所在。通过具体的建议，教师可以为学生提供改进的方向，使其更清晰地了解如何纠正错误。

其次，为了加强指导的实用性，教师可以分享一些实用的方法和技巧。这可能包括特定工具的使用方法、操作流程的优化建议等。通过实用性的指导，学生可以更具体地了解如何在实际操作中改善自己的技能。

最后，为了拓展学生的知识面，教师可以推荐进一步阅读材料。这些材料可能涵盖了深入学习相关主题所需的文献、案例研究等。通过引导学生阅读更多的资料，教师能够培养学生独立学习的兴趣和能力。

通过这样的指导方案，学生不仅能够更好地理解自己的不足，还能够有针对性地进行改进，从而全面提升其在电子商务实验中的学习效果和问题解决能力。

及时反馈与评估机制的建立在电子商务实验教学中至关重要。通过反馈的及时性、多样化的评估方式、学生互评与自评及教师的反馈指导等措施，学生可以主动参与和思考，全面了解自己的学习情况和不足之处，从而不断提高自身的学习效果和问题解决能力。

总结起来，在电子商务实验教学中，学生讨论的组织与引导需要包括小组分组、讨论主题设定、引导学生发表观点和激发批判思维等环节。而及时反馈与评估机制的建立则需要考虑反馈的及时性、多样化的评估方式、学生互评和自评及教师的反馈和指导等因素。有效的讨论与反馈机制，可以激发学生的参与思考，提高他们对电子商务实验教学的理解和应用能力。

第七章　电子商务实验教学的挑战与机遇

第一节　学生需求与学习风格

一、学生兴趣与积极性的挑战

（一）学生兴趣与积极性的挑战

1.缺乏实际关联性

学生对电子商务实验课程缺乏实际关联性的观念，部分源于对课程内容的感知。当前教学设计中，学生难以清晰地将课堂知识与实际电子商务活动联系起来，这导致了他们对课程的兴趣不足。解决方法：

（1）引入实际案例与业界动态

为增加实际关联性，教学设计应注重引入实际案例和业界动态。通过真实的商业案例，学生能够直观感受到所学知识在实践中的应用。定期更新课程内容，融入最新的业界发展，以确保学生对电子商务领域的关注性和实用性。

（2）实践项目与实地考察

引入实践项目，例如模拟电子商务平台或实地考察成功的电商企业，让学生能够亲身体验电子商务的运作过程。这不仅增加了学科的实践性，还促使学生更深入理解理论知识在实际中的应用。

2.《电子商务概论》的误导

学生对《电子商务概论》的过分依赖成为克服积极性障碍的主要挑战。这一现象表明学生未能正确理解该概论课在整个学科体系中的定位，导致他们忽视了实验课程的重要性。解决方法：

（1）课程目标的明确传达

通过明确传达课程目标，指导学生正确理解《电子商务概论》的作用。强调概论只是学科的入门，而实验课程才是深化学习、提高应用能力的关键。在课程开篇，讲解学科体系，明确不同课程之间的关联，帮助学生建立正确的学科认知。

（2）引入讨论课和案例分析

为了打破对概论的依赖，开设讨论课和案例分析，让学生在实际案例中应用概念，深入理解并掌握电子商务的核心概念。这种互动式的教学形式能够激发学生的主动学习意愿，使其更好地适应实验课程的学习环境。

3.缺乏探究式学习

学生在实验任务中表现消极，更倾向于非学术活动。为激发学生学科兴趣，实验任务应更注重培养学生的实际解决问题能力，从而提高他们对学科的主动探究欲望。解决方法：

（1）问题驱动的教学方法

采用问题驱动的教学方法，将实验任务设计为解决实际问题的过程。提出真实挑战，引导学生主动思考、探索解决方案，培养其实际解决问题的能力。这有助于激发学生对学科的浓厚兴趣。

（2）学科实践与应用

将实验任务与学科实践紧密结合，确保学生在任务中不仅学到理论知识，还能够在实践中运用所学。这不仅提高了学科的实际应用性，也让学生更加乐于投入学科的学习与探究。

（二）学科内容的更新与趣味性的需求

1.内容单一与陈旧

实验课程内容的单一与陈旧导致学生对电子商务领域的最新发展缺乏了解，降低了学科的吸引力。

（1）定期更新课程内容

教学设计中应当注重定期更新课程内容，紧密跟踪电子商务领域的最新动态。引入新兴技术、前沿理论，使学生能够感知到电子商务的动态性。及时反映行业发展的案例，让学生对实际应用有更深入的理解。

（2）行业专业人士的讲座与交流

邀请电子商务领域的专业人士举办讲座，分享实际工作经验和最新的行业趋势。通过与专业人士的交流，学生能够更直接地了解电子商务领域的发展方向，激发他们对课程内容的浓厚兴趣。

2.缺乏趣味性

学生反馈实验课程缺乏趣味性，这影响了他们对学科的主动参与和积极性。解决方法：

（1）多媒体演示与虚拟仿真

结合多媒体演示和虚拟仿真技术，以生动直观的形式呈现课程内容。通过图文并茂的多媒体，学生可以更好地理解抽象的理论知识，增加学科的趣味性。虚拟仿真可以模拟真实场景，让学生在虚拟环境中体验电子商务运作，提高学科的实用性和吸引力。

（2）创意案例引入

引入一些生动有趣的案例，既能丰富课程内容，又能让学生在实际操作中感受学科的乐趣。这些案例可以涉及成功的电商企业，或者是一些富有创意的商业模式。通过案例的讲解和分析，激发学生的学科兴趣，使其更积极地参与实验课程。

（3）实践项目与比赛

引入实践项目和比赛，让学生能够通过实际操作来应用所学知识。这不仅增加了学科的实践性，还培养了学生的团队协作和解决问题的能力。比赛活动还可以增加学科的竞争性，激发学生更深入地投入学科的学习。

（三）实验教学内容不规范

1.课程设置缺乏系统性

为解决课程设置缺乏系统性的问题，需要建立一套完善的实验体系。首要任务是明确实验课程的整体目标，确保其与整个电子商务学科体系的契合。这一目标应反映学生在学完整个实验课程后应具备的核心能力和知识结构。这种明确的整体目标将成为指导后续实验内容设计的基石。

建立实验体系时，需要将实验内容分阶段有序地组织。这意味着将电子商务学科知识划分为具有逻辑关联的阶段，每个阶段的实验内容都应有针对性地支持相应的学科发展阶段。这种分阶段的有序组织能够确保学生在学习过程中逐步深入，形成对电子商务学科全貌的全面理解。

为了达到系统学习的效果，实验体系还应注重横向和纵向的连接。横向上，各个实验环节之间应有明确的联系，形成一个有机的整体。这可以通过引入跨学科的内容、案例或项目，帮助学生将不同实验间的知识点进行关联。纵向上，实验体系应该与其他相关课程相衔接，确保学生在实验课程学完后能够顺利过渡到更深层次的学科学习。

综合而言，建立完善的实验体系是解决课程设置缺乏系统性的有效途径。这需要从整体目标出发，分阶段有序组织实验内容，并注重实验环节之间的横向和纵向连接，以确保学生在实践中能够系统学习电子商务的各个方面知识。这样的体系将为学生提供更为有机和深入的学习体验，促使其全面理解和运用电子商务学科知识。

2.实验课程偏向编程与网页制作

实验课程的设置应当更贴近电子商务实际要求，不仅仅局限于编程和网页制作，而是应该全面涵盖电子商务技术与管理理论的多个方面。尽管编程和网页制作是电子商务领域中重要的技能，但狭隘地专注于这两个方面可能使学生对电子商务的多元性和复杂性产生误解。

为了使实验课程更具丰富性，应设计包括但不限于编程和网页制作的多样实验内容。这涵盖了电子商务的技术层面，例如数据库管理、网络安全和电子支付系统的实践。同时，也应该加入管理理论的元素，如市场营销策略、供应链管理和电商法律法规等，以确保学生获得更为全面的电子商务知识。

通过设计丰富多样的实验内容，实验课程有助于培养学生多方面的综合能力。学生将能够更好地理解和应用电子商务的各个层面知识，从而具备更广泛的应用潜力。实验课程的多元性还能够满足不同学生的兴趣和发展方向，促使他们更全面地发展自己在电子商务领域的专业素养。

为使实验课程更符合电子商务实际要求，除编程和网页制作外，应全面涵盖技术与管理理论的多个方面。设计丰富多样的实验内容，可以培养学生的多方面能力，使其具备更为广泛的电子商务应用潜力，从而更好地满足学科发展的多元需求。

3.实验教学考核不完善

为解决实验教学考核不完善的问题，应当采用多元化的考核方式，以更全面地评估学生在实际操作过程中的表现。传统的仅依赖实验报告的考核方式可能无法全面反映学生的实际能力和理解水平。

引入实际案例分析是一种有效的考核方式。给定真实或虚构的电子商务案例，要求学生分析并提出解决方案，能够考查他们对课程知识的深刻理解及在实际情境中应用知识的能力。这种方式使学生更贴近真实商业环境，培养了他们解决实际问题的能力。

另一种可行的考核方式是小组项目展示。组织小组项目，要求学生合作完成特定任务或解决特定问题，并在课堂上进行展示。这种方式不仅考察了学生的团队协作能力，还能够观察他们在实践中的沟通、领导和执行力。此外，小组项目展示也为学生提供了一个分享和学习彼此经验的平台。

这样的多元化考核方式有助于避免对学生能力的片面评估。通过综合运用实验报告、实际案例分析和小组项目展示等方法，教师可以更全面地了解学生的学科理解水平、实践能力和团队协作能力，从而更精准地进行评价。

二、学科内容的更新与趣味性的需求

（一）内容单一与陈旧

1.问题现状的深层次分析

电子商务实验教学内容存在单一、陈旧的问题，深层次的分析表明这一现象主要源于教材和实验设计方面的不足。教学材料的单一性和陈旧性可能是教师在课程更新方面未能及时跟进电子商务领域的快速发展所致。

首先，教师未及时更新教学材料可能是因为缺乏对电子商务领域最新发展的及时了解。电子商务作为一个充满创新和变革的领域，其技术、法规和商业模式不断演变。如果教师未积极主动地获取最新的行业信息，就难以将这些变化及时地融入教学材料中。这使得学生接触到的内容滞后于实际应用，影响了他们对电子商务领域全貌的理解。

其次，实验设计方面的问题也可能导致教学内容的单一和陈旧。如果实验设计不够多样化，只着眼于特定的编程和网页制作技能，就难以全面覆盖电子商务领域的多个方面。缺乏对管理理论、新兴技术和实际案例的深入涉及，使得学生无法全面理解和应用电子商务的多元要素。

电子商务实验教学内容单一、陈旧的深层次原因在于教师未及时更新教学材料，未能紧密关注电子商务领域的最新发展。为解决这一问题，教师需要加强对行业动态的关注，定期更新教学材料，确保课程内容能够紧密贴合电子商务领域的实际需求。此外，通过多样化的实验设计，涵盖更广泛的学科内容，有助于提高学生对电子商务的全面理解和实际应用能力。

2.影响全面性学科掌握

学科内容的单一和陈旧对学生全面掌握电子商务领域的最新进展产生了负面影响。这一问题的根本在于学科内容未能及时跟上电子商务领域的快速发展，缺乏最新的技术和理念的涵盖。

首先，学科内容的单一性导致学生只能接触到电子商务领域的有限层面，无法深入了解到其广泛多样的特征。电子商务作为一个复杂多元的领域，涉及技术、管理、市场等多个方面，而如果学科内容仅侧重于某一方面，学生将难以全面理解和把握这一领域的整体面貌。

其次，陈旧的学科内容使得学生对电子商务领域的最新进展失去了解的机会。随着科技的不断发展和商业环境的变化，电子商务领域持续涌现新技术和新理念。然而，陈旧的学科内容使得学生无法及时了解这些创新，从而在实际应用中缺乏对新趋势的把握，影响其在职场上的竞争力。

这样的学科内容单一和陈旧问题，不仅削弱了学科的吸引力，还影响了学生的职业发展。为解决这一问题，有必要通过更新教材、引入最新案例和技术，以及加强与实际行业专业人士的互动，使学科内容更加贴近实际，保持与电子商务领域的同步发展。只有通过这样的努力，我们才能够更好地培养学生的全面素养，使其在未来的职业生涯中更具竞争力。

（二）缺乏趣味性

1.实验教学内容设计的趣味性缺失

实验教学内容设计的趣味性缺失可能是由于教师过于专注于知识传递，而忽视了激发学生学科兴趣的重要性。这种情况导致了实验课程内容显得单调乏味，缺少能够引发学生主动参与的趣味性元素。

首先，教师过度注重知识传递，可能使得实验内容更偏向于理论性的介绍，而忽略了学科的实际应用。实验课程的设计应该更加贴近学生的实际兴趣和需求，通过引入生动有趣的案例、实际应用场景，激发学生对电子商务领域的浓厚兴趣。这不仅能够增加学科的吸引力，还能够提高学生的学科参与度。

其次，缺乏趣味性的设计使得学生对实验的参与性降低，影响了他们的主动学习动力。教学内容过于枯燥和抽象，难以引起学生的好奇心和主动学习欲望。为解决这一问题，教师可以考虑采用更生动、互动的教学方法，如实验游戏化设计、模拟商业情境的角色扮演等，以提升学科内容的趣味性，激发学生的学习兴趣。

总体而言，实验教学内容设计的趣味性缺失可能源于对学生兴趣激发的忽视。更注重实际应用、引入有趣的案例和采用生动互动的教学方式，有助于提高实验课程的趣味性，激发学生更积极地参与学科学习。这样的设计不仅可以增加学科的吸引力，还能够提高学生的主动学习动力，促使他们更好地掌握电子商务领域的知识。

2.生动有趣的呈现方式的需求

为提高学科内容的吸引力，迫切需要采用更加生动有趣的呈现方式，以激发学生对学科的浓厚兴趣。多媒体演示是其中一种重要的手段，通过图文并茂、动画生动的呈现方式，可以使抽象的理论知识更形象直观。这不仅有助于学生更好地理解课程内容，还为他们创造了更富有趣味性的学习体验。

实际案例分析是另一种有效的方法，通过引入真实或虚构的电子商务案例，学生能够在解决实际问题的过程中深入学习课程知识。这种方式将学科内容融入实际场景，使学生更容易将理论知识与实践相结合，从而提高学科的实际应用性和吸引力。

虚拟实验也是一种创新的呈现方式，通过模拟真实场景，学生在虚拟环境中体验电子商务运作。这种沉浸式的学习方式能够提供更直观的学科体验，激发学生的学科探索欲望，使他们更积极地投入到学科学习中。

采用这些多样化、生动有趣的呈现方式，可以使学科内容更贴近学生的实际兴趣和需求，提高学科的吸引力。教师在教学设计中应充分考虑学生的学科体验，注重引入生动有趣的元素，以激发学生的学科热情，促使他们更深入地探索和理解电子商务领域的知识。

第二节　技术难题与资源需求

一、技术设施与设备更新的挑战

（一）实验设备的更新不足与陈旧

1.硬件设备陈旧的现状

（1）校园网络设备滞留在过去的技术标准

当前，许多高校在电子商务实验教学中面临的主要挑战之一是硬件设备的陈旧。校园网络设备作为支持实验教学的关键组成部分，滞留在过去的技术标准，未能及时更新。这种滞后使得学校的网络基础设施无法适应电子商务领域飞速发展的需求。

（2）影响实验教学的质量和效果

硬件设备的陈旧直接影响了实验教学的质量和效果。在电子商务领域，许多实验项目需要大量的数据处理和高速传输。然而，由于硬件的滞后，学生在进行这些实验项目时可能面临性能不足的问题，影响了他们的实验体验和学习效果。这给培养学生实际操作能力和使学生深入理解电子商务技术带来了困难。

2.影响学生实验体验和学习效果

（1）学生无法紧跟行业最新趋势

陈旧的硬件设备使得学生难以紧跟电子商务领域的最新趋势。在迅猛发展的数字经济时代，行业技术不断更新，而陈旧的硬件设备使学生在实验中无法体验到最新的技术应用。

这不仅影响了他们的实际操作能力，还使得他们在毕业后面临与行业实际需求脱节的风险。

（2）对学生对最新技术的了解和掌握造成限制

学生在实验中无法使用最新的硬件设备，限制了他们对电子商务领域最新技术的了解和掌握。这对于培养具备创新能力和领先思维的电子商务专业人才是不利的。学生应该通过实际操作了解和应用最新的技术，而陈旧的硬件设备无法提供这样的学习环境。

在解决硬件设备陈旧问题上，高校需要加大投入，及时更新硬件设备，确保实验教学设备能够满足电子商务领域不断发展的需求，提升学生的实际操作能力和学科水平。

（二）解决硬件设备更新不足与陈旧的挑战

1.加大对硬件设备的投入

（1）更新服务器、提升网络带宽

为了应对硬件设备陈旧的挑战，高校应当加大对硬件设备的资金投入。首先，需要投资更新服务器，确保其能够满足电子商务领域实验教学的要求。其次，提升校园网络带宽也是关键的一环，以适应大数据处理和高速传输的实验需求。

（2）升级计算机硬件

除了网络设备，计算机硬件的升级也是至关重要的。学校应当投资于升级计算机硬件，包括个人计算机和实验室中的工作站。这样可以确保学生在实验中能够获得足够的计算性能，提高实验的流畅性和效果。

2.建立先进的中心机房

（1）提高网络设备的带宽和性能

高校可以考虑建立更先进的中心机房，以应对网络设备陈旧的问题。通过提高机房内网络设备的带宽和性能，可以更好地支持实验教学的顺畅进行。这不仅有助于提升实验教学的效果，还能够提高学生在实验中的学科体验。

（2）吸引更多专业人才

建设先进的中心机房不仅有助于解决硬件设备陈旧的问题，还能够吸引更多相关领域的专业人才。这些人才将为实验教学提供技术支持，推动实验项目的创新和改进。通过引入更多的专业人才，学校可以更好地适应电子商务领域不断变化的需求。

（三）软件设备陈旧影响实验教学效果

1.软件设备更新的迫切性

（1）电子商务实验软件的陈旧问题

尽管一些高校购置了一些电子商务实验软件，但这些软件由于未及时进行升级或更替，已经无法满足当今电子商务实验教学的迫切需求。电子商务领域的技术更新速度极快，新的商业模式、数据处理方法等不断涌现，而陈旧的软件无法涵盖这些新技术和新理念。

（2）影响学生实验体验和学习效果

陈旧的软件设备直接影响学生在实验中的体验和学习效果。学生通过使用过时的软件进行学习，难以适应电子商务实际活动中的新挑战和新技术应用。因此，软件设备的陈旧问题不仅仅是技术更新的迫切性问题，更关系到学生在实验教学中是否能够跟上行业的发展步伐。

2.需要定期更新机制

（1）建立定期更新机制

为了解决软件设备陈旧的问题，高校需建立一个定期更新的机制。这一机制旨在确保电子商务实验软件能够及时升级，以适应行业的最新发展。通过建立合作关系、积极参与行业活动，高校可以更好地获取最新的软件资源，保持与行业同步。

（2）行业合作与参与相关活动

高校可以通过与电子商务领域的企业建立紧密的合作关系，获取行业内最新的软件资源。同时，积极参与相关的行业活动，如技术研讨会、创新大赛等，也能够帮助高校更好地了解行业的发展动态，及时调整和更新实验教学的软件设备。

二、资源投入与持续支持的必要性

（一）资金投入的必要性

1.购置先进硬件设备和更新软件工具

（1）充足的资金保障电子商务实验教学

为维持电子商务实验教学的高质量，充足的资金投入是不可或缺的。这主要体现在购置先进的硬件设备和及时更新软件工具上。这不仅仅是一项开支，更是对学生提供优质学习体验的基础。

（2）服务器、计算机和网络设备的更新

资金的投入需要着重于购置最新的硬件设备，包括服务器、计算机和网络设备。这些设备的性能和功能的不断提升，直接关系到学生在实验中能否顺畅地进行各种操作。特别是在电子商务领域，对于大数据处理和高速传输的需求日益增加，及时更新硬件设备是保障实验效果的重要一环。

（3）保证实验室配备最新版本的电子商务实验软件

除了硬件设备的更新，同等重要的是保证实验室配备最新版本的电子商务实验软件。电子商务领域的技术发展迅速，新的商业模式和数据处理方法层出不穷，只有通过更新软件工具，才能使学生在实验中跟上最新的技术潮流，为未来职业发展奠定坚实基础。

2.实验室基础设施的改善和维护

（1）舒适学习环境的创造

资金投入同样需要用于实验室基础设施的改善和维护。维护良好的实验室环境有助于创造一个舒适的学习氛围，提高学生专注于实验内容的能力。具备良好基础设施的实验室，不仅可以提高实验教学的效果，还能够激发学生对电子商务的兴趣和学习动力。

（2）实验室环境对实验教学效果的直接影响

良好的基础设施将直接影响实验教学的效果，使其更具吸引力和实用性。学生在一个设备齐全、环境舒适的实验室中学习，将更容易专注于实验任务，提高学科素养。

（3）投资与实验室基础设施的长远收益

尽管投资于实验室基础设施的改善可能需要一定的成本，但这是一项长期投资，对于学生的学习体验和教学效果都将产生积极的影响。通过提供先进的硬件和良好的实验环境，学校能够吸引更多的学生，提高实验室利用率，为学生提供更好的学术支持。

在购置硬件设备和改善基础设施的过程中，资金的科学运用将极大地提升实验教学的水平，从而培养更具实战能力的电子商务专业人才。

（二）人力资源支持的重要性

1.专业技术团队的存在

（1）为实验设备正常运行和维护提供保障

保障实验设备的正常运行和维护是电子商务实验教学的重中之重，而专业技术团队的存在为这一点提供了强有力的保障。这支团队应当具备电子商务领域的专业知识，能够迅速应对硬件和软件方面的问题，确保实验设备的长时间稳定运行。

（2）解决硬件和软件问题，确保实验顺利进行

技术团队的存在不仅仅是为了解决设备故障，更是为了及时解决学生在实验中可能遇到的技术问题。学生在实验中可能面临各种技术难题，专业技术团队可以为他们提供实时支持，使实验教学不受技术问题的影响，保障实验的顺利进行。

2.协助教师设计和改进实验项目

（1）密切合作确保实验项目更贴近实际应用需求

技术团队的存在还可以与教师密切合作，协助他们更好地设计和改进实验项目。通过了解实际行业需求和技术发展趋势，技术团队能够为教师提供专业意见，确保实验项目更贴近实际应用需求，使学生在实验中获得更为实用的电子商务知识和技能。

（2）保证实验项目的实用性和先进性

教师和技术团队的合作可以使实验项目保持实用性和先进性。通过及时了解行业的新技术、新趋势，技术团队可以为实验项目的改进提供有力支持，使学生在实验中能够接触到最新的技术和实践，增强他们的竞争力。

（3）提高学生的学科素养

协助教师设计和改进实验项目不仅仅是为了提高实验的质量，更是为了提高学生的学科素养。通过深入实际案例和行业应用，实验项目更能够培养学生解决实际问题的能力，使其更好地适应未来职业发展的挑战。

在人力资源支持方面，专业技术团队的存在是保障电子商务实验教学顺利进行和提高学生学科素养的关键。他们的专业知识和实际经验为实验教学提供了有力支持，确保实验设备的正常运行，并协助教师设计和改进实验项目，使实验教学更加贴近实际需求。

（三）持续支持与培训的必要性

1.定期参与培训获取最新知识和技能

（1）保持专业素养

为了保持电子商务实验教学的高水平，教师和技术人员需要定期参与培训。这有助于

他们不仅深化已有的专业知识，还能获取最新的电子商务领域知识和技能。电子商务是一个不断发展的领域，只有通过不断学习和更新，教师和技术人员才能保持专业素养，为学生提供前沿的教学内容和支持。

（2）提升指导学生的能力

定期参与培训不仅有助于教师更新自身知识，还能提升他们指导学生的能力。通过了解最新的教学方法和资源，教师能够更灵活地应对学生的需求，更好地引导学生进行实验项目，提高他们的创新思维和实际操作能力。

2.定期更新实验教学大纲和教材

（1）与行业同步

持续支持包括定期更新实验教学大纲和教材，确保实验教学内容与电子商务领域的最新发展同步。电子商务作为一个技术和商业相结合的学科，行业变化迅速。只有对大纲和教材进行定期更新，学生才能接触到最新的行业动态、技术趋势和商业实践。

（2）保持实验教学的活力和吸引力

定期更新实验教学大纲和教材是保持实验教学活力和吸引力的关键。学科的不断演进要求教学内容能够及时反映行业的最新趋势和需求。通过引入最新的案例研究、实际项目和成功经验，教师能够使实验教学更贴近实际应用，激发学生的学习兴趣。

（3）提升学生的创新力和竞争力

通过定期更新实验教学大纲和教材，教师可以更好地培养学生的创新力和竞争力。学生在实验中接触到的是最新的知识和技术，能够更好地适应未来电子商务领域的挑战。这种培养方式不仅有利于他们的学术发展，还为他们的职业发展提供了更广阔的空间。

通过定期参与培训和更新实验教学大纲和教材，教师和技术人员能够保持对电子商务领域的深度理解，提高教学水平，从而更好地为学生提供高质量的教学支持。这种持续的支持和培训机制将有助于实验教学的不断创新和发展。

第三节　跨文化教学与国际合作

一、跨文化教学的挑战与机遇

（一）挑战：文化差异带来的交流障碍

1.多元化的学生背景

跨文化教学面临的主要挑战之一是学生来自不同国家和地区，具有丰富多样的文化背景。这多元性可能导致在教学过程中出现语言障碍、沟通不畅等问题，增加了教学的复杂性。

（1）语言障碍

学生使用不同的母语，可能存在语言交流方面的困难。教学中需要解决语言障碍，确保学生理解教学内容，避免信息传递上的错误。

（2）学术习惯差异

不同文化背景下的学术习惯存在差异，包括学术写作格式、引用规范等。这可能影响学生在实践中的表现，需要进行文化适应性的指导。

（3）沟通方式的多样性

文化差异导致学生在沟通方式上存在多样性，可能需要教师在教学中采用更加灵活的沟通策略，以满足不同文化背景学生的需求。

2.针对性的应对策略

（1）多语言支持

提供多语言支持，例如提供翻译服务或多语言教学材料，以帮助学生克服语言障碍，更好地理解和参与教学。

（2）文化适应培训

开展文化适应培训，帮助学生了解不同文化的学术习惯和沟通方式，增强他们的跨文化交流能力。

（3）多元文化小组合作

鼓励多元文化小组合作，通过小组合作项目促使学生更好地融入团队，增进彼此之间的理解，提高团队协作效果。

（二）机遇：培养跨文化背景下的团队协作能力

1.提升学生跨文化沟通技能

1.引入跨文化案例分析

引入跨文化案例分析，帮助学生更好地理解不同文化间的商业实践，培养他们的跨文化分析能力。

2.开设跨文化交流课程

开设跨文化交流课程，让学生系统学习跨文化沟通技能，包括文化敏感度、国际商务礼仪等方面的知识。

3.强化团队协作与文化融合

（1）跨文化团队项目

设计跨文化团队项目，鼓励学生在国际团队中合作完成任务，通过实际项目锻炼团队协作和文化融合的能力。

（2）国际文化活动

组织国际文化活动，如文化交流展览、国际风味美食节等，为学生提供更多接触不同文化的机会，促进文化融合。

二、国际合作在电子商务实验教学中的应用

（一）国际实训项目的设计与推动

1.设计跨文化电子商务实训项目

为了促进国际合作，高校应积极设计跨文化电子商务实训项目，使学生参与真实的国际商业环境，从而提升其在国际商业环境下的实战能力。

（1）与其他国家高校和企业的合作

建立合作关系，与其他国家高校或企业合作，设计有挑战性的电子商务实际项目。通过国际团队的协作，学生将直接参与项目策划、执行和评估，增强其解决实际问题的能力。

（2）提供跨文化协作机会

确保项目的跨文化性，使学生能够与不同文化背景的团队成员合作。这不仅拓宽了学生的国际视野，还培养了他们的跨文化协作和沟通技能。

2.推动国际实训项目的实施

（1）建立国际实训项目管理团队

设立专门的管理团队，负责国际实训项目的推动与监督。该团队应包括国际事务专家、项目经理和文化交流专业人员，以确保项目的顺利实施。

（2）学术评估与反馈机制

建立国际实训项目的学术评估与反馈机制，通过定期的项目评估，收集学生和导师的反馈意见，及时调整和改进项目的设计和执行。

（二）利用国际资源开设专业课程

1.引入国际电子商务专业课程

通过与国际知名高校或企业的合作，引入最新的国际电子商务专业课程，为学生提供更广泛、更深入的学习体验。

（1）国际课程设计与合作

与国际高校合作，共同设计电子商务领域的国际课程。通过在线平台或合作高校课程的引进，学生可以深入学习国际商务的理论与实践。

（2）邀请国际专业人士授课

邀请国际电子商务领域的专业人士，作为客座教授，为学生分享实际经验。这种实战导向的教学将帮助学生更好地理解和应用国际电子商务的最新发展成果。

2.拓宽学生国际视野

（1）国际案例分析

引入国际电子商务成功与失败案例进行分析，帮助学生理解并从中汲取经验教训。通过分析真实案例，学生可以更好地应用理论知识解决实际问题。

（2）国际商业模拟项目

通过国际商业模拟项目，学生可以在虚拟环境中体验国际商业运作。这种实践性的学

习方法将加深学生对国际商业的理解，并锻炼其决策能力。

（三）国际导师团队的建设

建立国际导师团队，由国际电子商务领域的专业人士担任导师。这将为学生提供直接来自行业的专业指导，帮助他们更好地理解国际商业运作的精髓。

1.国际导师团队构建

首先，构建国际导师团队需要建立合作的架构。这涉及与国际高校和企业的战略性合作关系。了解合作伙伴的需求和资源，可以确定双方的合作方向和目标。合作架构的建设需要明确导师团队的角色和任务，以及合作的层次，例如是否涉及联合研究项目、学生交流计划或国际研讨会的共同举办。

其次，导师团队的构建需要对导师进行仔细的选拔与培养。国际导师应具备丰富的实际经验、国际视野及在相关领域的权威性。选拔过程可以包括对导师的学术背景、行业经验、导师经历等方面的评估。培养过程则可以包括为导师提供定期的培训，使其了解本校的教育理念、教学方法和学科设置，以更好地与当地教师进行协同工作。

再次，国际导师团队的主要任务之一是为本校教师提供指导和分享国际行业动态。导师可以通过远程会议、工作坊、讲座等形式，与本校教师进行定期的学术交流。在这个过程中，导师可以分享最新的研究成果、国际上的教学创新经验及行业趋势，帮助提升本校教师的专业水平。

最后，导师团队的构建也应该促进学术交流与项目合作。这可以包括学术交流计划，允许本校教师有机会访问合作高校，与导师进行面对面的交流，还可以涉及共同申请国际研究项目，推动双方在研究和实践中的深度合作。

通过以上构建，国际导师团队能够为本校带来国际化的教育资源，促进学科交流，提升教学质量，培养更具国际竞争力的人才。这种合作模式有助于提升学校在国际教育领域的影响力和竞争力。

2.学术交流与合作

首先，为促进国际导师团队与学校内部教师之间的学术交流与合作，建议搭建一个有效的学术交流平台。该平台可以包括在线研讨会、虚拟研究小组、专业论坛等形式，以便导师和教师们能够方便地分享最新的研究成果、教学心得和行业动态。定期组织这些学术交流活动，可以为教师们提供一个与国际导师深入交流的机会，促进跨文化学术思考。

其次，鼓励国际导师团队与学校内部的教师共同发起并推动电子商务领域的研究项目。这可以通过建立跨国际合作的研究小组、申请国际性研究资金、共同发表学术论文等方式来实现。共同的研究项目能够使双方在共同关心的研究领域展开深入合作，推动该领域的发展，也为学校提升在该领域的学术声誉提供了支持。

再次，鼓励双方进行学术资源的共享。这包括共同利用双方的图书馆资源、开设联合课程、协同指导学生的研究项目等。共享学术资源，不仅可以弥补各自在特定领域的不足，还能够丰富教学内容，提升学术水平。合作导师指导是其中的重要一环，国际导师可以协助学校教师更好地引导学生开展国际化的研究。

最后，建议国际导师团队与学校内部教师展开实践项目合作，为学生提供更广泛的实习和实践机会。这可以通过与国际企业的合作、共同组织实践课程、推动学生参与国际性的商业竞赛等方式实现。这种实践项目合作既可以丰富学生的实际经验，也能够促使学生更好地理解和适应国际商业环境。

第四节　未来趋势与发展机遇

一、技术发展对实验教学的影响

（一）新一代技术在实验教学中的融合

随着新一代技术的不断涌现，如人工智能、大数据、区块链等，电子商务实验教学将面临更多的机遇和挑战。学术界和行业普遍认为，这些技术将深刻影响电子商务的未来发展。在实验教学中，教师需要及时融入这些新技术，通过更新实验项目和案例，使学生能够了解并运用最新的科技工具。

1. 人工智能技术的应用

（1）智能客服系统

随着电子商务平台用户数量的不断增加，引入智能客服系统成为提高服务效率的必然选择。实验教学通过模拟案例，旨在让学生深入了解智能客服系统的工作原理、实际应用场景，以及如何优化系统性能。

在实验目标方面，学生将通过构建智能客服系统，深入了解自然语言处理、机器学习等人工智能领域的基本概念，并培养能够将这些知识应用于电子商务实践的能力。

具体实验步骤包括学生学习智能客服系统的基本原理，理解系统如何通过自然语言处理和机器学习技术实现智能问答、问题解决等功能。分组设计智能客服系统的应用场景，使学生能够考虑到不同业务需求下系统的实际应用情境。接着，学生利用相应工具搭建智能客服系统，通过实际动手操作，增强他们在系统搭建和配置方面的实际能力。在模拟实际情境中，学生需要测试系统性能并进行优化，培养其解决实际问题的能力，同时了解智能客服系统在大规模用户交互中的应用挑战。

通过这一系列的实验环节，学生将不仅获得对智能客服系统技术细节的深刻理解，还能够在实践中锻炼解决实际问题的能力。这种实验教学方法将理论知识与实际操作相结合，为学生提供了更为全面的学习体验，使其在未来的电子商务领域能够更好地应用所学知识。

（2）推荐系统

推荐系统在电子商务平台中的重要性不断凸显，已成为提升用户体验和促进销售的核心技术之一。通过实验教学，学生可以借助案例分析和实际操作深入了解推荐系统的工作原理、推荐算法的实现方式，并培养他们在电子商务领域的数据分析和运筹决策能力。

实验的目标旨在使学生理解推荐系统的工作原理，熟悉推荐算法的应用，并通过实验培养他们在电子商务领域的数据分析和运筹决策能力。为达成这一目标，实验步骤如下：

首先，学生需要学习推荐系统的基本概念和算法。这包括对推荐算法的理论基础进行深入了解，包括协同过滤、深度学习等常用的推荐算法。

其次，通过实验平台，学生获取电子商务平台的用户行为数据。这一步骤旨在使学生能够熟悉实际业务数据的收集和处理过程，了解数据对推荐系统的重要性。

再次，学生需要设计并实现一个基于协同过滤或深度学习的推荐系统。通过实际动手操作，学生能够将理论知识转化为实际的推荐系统，并了解系统搭建和配置的实际操作步骤。

最后，学生需要对实验结果进行分析，并提出优化建议。通过这一步骤，学生不仅能够掌握推荐系统的实际应用，还能培养对实验结果的深入思考和优化方案的提出能力。

通过以上一系列实验环节，学生将在理论知识和实际操作中全面提升在电子商务领域的数据分析和决策能力，为未来从事相关行业做好充分准备。

2.大数据分析的实践

大数据分析在电子商务中的应用不仅仅局限于推荐系统，还包括市场分析和用户行为预测。实验教学可以通过模拟真实市场数据，培养学生对大数据工具的熟练应用。

（1）实验目标

实践项目，让学生了解大数据对市场分析和用户行为预测的重要性，培养他们运用大数据工具的实际能力。

（2）实验步骤

在新一代技术的融入下，电子商务实验教学逐渐演变为一种更为实际和深入的学习体验。以下是一系列实验步骤，通过融入大数据分析工具，学生能够更好地适应行业发展的趋势，并培养创新思维和解决实际问题的能力。

学生首先学习大数据分析工具的基本使用方法。这一步骤旨在为学生提供必要的工具知识，使其能够熟练使用大数据分析工具进行后续实验。

接着，学生获取并清理真实电商市场数据。通过亲自操作，学生将学到的知识应用到实际场景中，了解真实市场数据的采集和清理过程，培养数据处理和准备的实际技能。

随后，学生利用大数据分析工具进行市场趋势分析和用户行为预测。通过实际案例，学生可以运用所学的大数据分析技术，深入了解电商市场的发展趋势及用户行为的潜在规律。

最终，学生撰写报告，总结分析结果并提出相应建议。通过撰写报告，学生不仅巩固了通过实验获取的知识，还培养了数据分析结果沟通和呈现的能力，为未来涉足电子商务领域提供了实际操作的经验。

这一实践型教学模式不仅有助于学生更好地适应行业发展趋势，还培养了其创新思维和解决实际问题的实际能力。这样的学习体验将使学生更好地迎接未来电子商务领域的挑战，为其职业生涯打下坚实的基础。

（二）虚拟化实验环境的建设

随着云计算和虚拟化技术的发展，电子商务实验教学将迎来更加灵活和可扩展的实验环境。学校可以建立虚拟化实验室，为学生提供更真实、高效的实验体验，同时减少硬件设备投入。

1.云服务平台的利用

首先，云服务平台的引入标志着电子商务实验教学的技术架构进入了新的时代。云服务平台作为一个集中托管电子商务实验工具和资源的解决方案，为学生和教师提供了更加灵活和高效的实验环境。这不仅为电子商务实验教学带来了便利，也加强了资源的共享和利用效率。

其次，云服务平台的优势之一是学生可以通过网络随时随地访问实验资源。这为学生提供了更大的时间和空间上的灵活性，使得他们可以根据个人的学习进度和兴趣随时参与实验活动。这种便捷的访问方式打破了传统实验室的时空限制，为学生提供了更为自主的学习体验。

再次，云服务平台的集中托管机制意味着实验工具和资源的统一管理和维护。教育机构可以通过云服务平台轻松更新和维护实验工具，确保学生始终使用最新版本的软硬件设备进行实验。这不仅提高了实验教学的质量，还降低了管理和维护的成本，使实验教学更具可持续性。

最后，云服务平台的应用促使了实验资源的高效利用。集中托管，可以更好地管理和优化资源的分配，确保每个学生都能够充分获得所需的实验工具和数据。这种高效利用不仅提升了实验教学的效果，也为更多学生提供了参与实验的机会，推动了实验教学的普及和共享。

引入云服务平台作为电子商务实验教学的技术支持，不仅在技术层面上为教育体系注入了新的活力，同时也为学生提供了更为灵活、便捷和高效的学习体验。这种基于云服务平台的实践型教学模式有望成为未来电子商务领域教学的重要发展方向。

2.虚拟商业场景的模拟

首先，虚拟商业场景的模拟是电子商务实验教学中引入的一项创新性措施。通过应用虚拟现实技术，我们可以在教学环境中创建一个仿真的商业场景，使学生能够身临其境地参与到虚拟市场中。这种模拟不仅为学生提供了更真实的体验，也拓展了实验教学的边界，加深了学生对电子商务实践操作的理解。

其次，虚拟商业场景的模拟可以涵盖电子商务领域的多个方面，包括销售、推广、用户体验等。学生可以在虚拟市场中运用所学知识，制定销售策略、设计广告宣传、与虚拟顾客互动，全面感知电商运营中的多个环节。这种全方位的模拟体验使学生更好地理解实际业务运作，提高了他们的实际操作能力。

再次，虚拟商业场景的模拟有助于培养学生在复杂商业环境中的应变能力。在虚拟市场中，学生可能会面临各种市场竞争、消费者反馈等情境，需要迅速作出决策。这种情景模拟可以帮助学生培养在真实商业环境中灵活应对问题的能力，提升他们的决策水平和团队协作意识。

最后，虚拟商业场景的模拟也增强了实验教学的趣味性。通过虚拟现实技术，学生可以身临其境地参与到电子商务运营的场景中，激发了学生的学习兴趣。这种趣味性不仅使实验教学更加生动有趣，还有助于提高学生对实际操作的参与度，培养他们对电子商务领域的浓厚兴趣。

虚拟商业场景的模拟是电子商务实验教学中的一项重要创新，为学生提供了更为真实、全面和趣味的学习体验。这种实践型教学模式有望成为未来电子商务领域教学的重要发展方向，为培养具备实际运营能力的电子商务专业人才奠定坚实基础。

二、行业发展趋势与实验课程的调整

（一）新商业模式的涌现

随着电子商务行业不断演进，新兴的商业模式层出不穷，如社交电商、直播电商等。实验教学需要紧跟行业趋势，不断更新实验内容，使学生对多样化的商业模式有深入理解。

1.引入新兴商业模式的案例

首先，实验教学中引入新兴商业模式的案例是为了使学生更深入地理解这些模式的运作机制。通过具体案例的分析，学生能够了解新型商业模式是如何应对市场变化、满足消费者需求的。这种深入挖掘将有助于学生在实际运营中更好地把握商业机会，理解商业模式的灵活性和可持续性。

其次，引入新兴商业模式的案例还有助于学生认识到不同模式的优势和挑战。成功案例能够让学生学到成功的经验和策略，激发其创新意识；而失败案例则提供了宝贵的教训，帮助学生认识到潜在的风险和问题。通过对成功和失败案例的比较分析，学生可以更全面地思考商业模式的设计和运营策略，提高他们的商业洞察力。

再次，案例教学，可以培养学生的创新意识。新兴商业模式往往涉及创新型的理念和策略，而学生在学习和分析这些案例的过程中，将更容易理解创新是如何推动商业成功的。培养创新意识有助于学生更好地适应不断变化的商业环境，提高其在未来电子商务领域中的竞争力。

最后，引入新型商业模式的案例丰富了实验教学的内容，使之更具实际应用性。学生通过深入研究案例，可以更好地理解课程中的理论知识，并能够将其运用到实际场景中。这种理论与实践相结合的教学模式将有助于学生成为具备实际运营能力的电子商务专业人才。

引入新兴商业模式的案例是电子商务实验教学中一项具有重要价值的教学策略。通过深入学习和分析案例，学生能够在实践中培养创新意识，提高商业洞察力，更好地应对未来电子商务领域的挑战。这种以案例为基础的教学方法有望成为电子商务实验教学的重要组成部分。

2.实践项目的多样性

首先,调整实验课程,增加社交电商、直播电商等实践项目是为了使学生能够亲身体验电子商务领域中新兴模式的运作。社交电商和直播电商等新模式在近年来崭露头角,对电商行业产生了深远的影响。通过引入这些实践项目,学生可以深入了解这些新兴模式的工作原理、优势和挑战,培养他们对行业动态的敏感性。

其次,增加多样性的实践项目有助于提高学生在实际工作中的适应能力。电子商务领域的发展日新月异,新的商业模式层出不穷。让学生参与社交电商、直播电商等实践项目,能够锻炼他们在不同工作场景下的应变能力。这样的实践体验将使学生更具有灵活性,更好地适应未来电子商务领域的变化和挑战。

再次,这些新兴模式的实践项目还能够为学生提供更广阔的职业发展空间。社交电商和直播电商等新模式涉及多个方面的业务,包括社交营销、内容创作、运营管理等。通过参与这些实践项目,学生将有机会深入了解电子商务领域的多个维度,拓宽他们的职业发展路径,增加就业竞争力。

最后,这种实践项目的多样性也有助于提高实验教学的吸引力和实用性。学生更愿意参与那些贴近实际、具有挑战性的实践项目,因为这样的项目不仅能够增加他们的实际经验,还能够更好地锻炼他们解决实际问题的能力。实验课程的多样性将激发学生的学习兴趣,提高他们在实验中的参与度,从而更好地达到教学目标。

调整实验课程,增加社交电商、直播电商等实践项目是一项富有前瞻性和实际意义的教学改革。通过丰富的实践体验,学生将更好地准备迎接电子商务领域的未来挑战,为他们的职业发展打下坚实的基础。这种实验教学的多样性将有助于培养更全面、更适应未来行业需求的电子商务专业人才。

(二)跨界融合与跨文化交流

未来电子商务行业将更加强调跨界融合,实验教学可以通过跨学科合作,拓展学生的知识边界,培养跨领域的综合素养。

1.与其他专业合作的项目

推动电子商务专业与计算机科学、市场营销等专业合作的项目是为了构建一个跨学科的合作平台,为学生提供更丰富、全面的实验内容,从而使他们在实践中能够形成更为完整的电子商务思维。

在与计算机科学专业的合作中,电子商务专业的学生可以与计算机科学专业的学生共同参与开发电子商务平台、优化算法和设计数据处理工具等项目。通过这样的合作,电子商务专业的学生可以深入了解底层技术,提高对系统架构的理解,同时培养跨领域的合作精神。计算机科学专业的学生则能够更好地理解电子商务应用场景,促使技术研发更贴近实际需求。这样的合作项目将加速技术和业务的融合,培养出具备全面素养的电子商务专业人才。

与市场营销等专业的合作同样具有重要的意义。在这种合作中,电子商务专业的学生可以与市场营销专业的学生共同参与市场调研、品牌推广、用户体验设计等项目。这样的合作将促使电子商务专业的学生更好地理解市场需求，学习市场策略和用户行为分析等知识。同时，市场营销专业的学生也将在实际项目中学到如何运用电子商务工具提高市场营销效果。这种跨学科的合作将为学生提供更为综合的学科视角，培养出既具备电商技能又懂得市场策略的复合型人才。

这种合作模式的优势在于能够打破传统专业之间的壁垒，将不同专业的知识与技能融合在实际项目中，使学生在解决问题时能够运用多元的思维方式。这有助于培养具备广泛知识背景和团队协作精神的电子商务专业人才。同时，通过与其他专业的学生合作，电子商务专业的学生也能够更好地理解电商在整个产业链中的地位和作用，形成更为完整的电子商务思维。这样的综合素养将使他们更具竞争力，更好地适应未来电子商务行业的发展需求。

2.国际化合作与跨文化交流

在电子商务行业全球化发展的背景下，实验教学的国际化合作和跨文化交流愈发重要，以培养学生适应全球商业环境的能力。国际化合作可以通过以下方式得以实现。

首先，建立国际实训项目是促进国际合作的有效途径。高校可以设计跨国的电子商务实际项目，与其他国家的高校或企业展开合作，提供学生与国际团队协作的机会。这种合作模式不仅使学生能够面对来自不同文化背景的同事，锻炼跨文化团队协作的能力，还能够让学生更好地理解全球商业操作。

其次，利用国际资源开设专业课程是推动国际化的关键步骤。与国际知名高校或企业合作，引入国际一流的电子商务专业课程，能够使学生接触到更广泛、更深入的国际业务知识。这有助于提升学生的国际视野，了解国际电子商务领域的前沿动态，同时培养跨文化沟通和协作的能力。

另外，国际导师团队的建设也是推动国际化合作的有效方式。建立由国际业界专业人士组成的导师团队，为学生提供国际化的指导，不仅有助于学生深入了解国际电子商务市场，还能够促进教师之间的国际学术交流与合作。这样的导师团队能够为学生提供更为实用和前瞻性的电子商务知识。

国际化合作与跨文化交流将为学生提供更全面的电子商务教育，培养他们在全球商业环境中的竞争力。这样的实践不仅有助于学生个人的国际化发展，也能够推动电子商务教育的国际水平和影响力。

3.国际化课程设置

为促进电子商务专业学生的国际化发展，重要的一步是引入涉及国际市场和跨文化管理等方面的课程来拓宽他们的国际视野。这种国际化课程设置的目的在于让学生更全面地了解不同文化背景下的电子商务运营和管理方式。

在这些课程中，学生将有机会深入研究国际市场的运作机制，了解各个国家和地区的电子商务行业发展状况，以及行业间的差异和相似之处。通过案例分析和实际项目，学生可以接触到不同文化下企业在电子商务领域所面临的挑战和机遇，培养他们的国际商业思维。

同时，跨文化管理方面的课程将使学生更好地理解和应对在国际商务环境中可能遇到的文化差异。这包括了解不同文化下的商业礼仪、沟通方式、决策模式等，以及如何在跨文化团队中有效协作。这些知识和技能对于学生未来在全球化背景下从事电子商务工作至关重要。

通过国际化课程的设置，电子商务专业的学生将更好地适应全球商业环境，具备更广泛的国际业务视野和跨文化管理能力。这有助于培养他们成为在国际市场竞争中具备竞争力的专业人才，为未来的职业生涯打下坚实的基础。

4. 跨文化团队项目

为了培养电子商务专业学生的跨文化沟通和团队协作能力，可以设计跨文化团队项目，邀请不同国家的学生共同参与，通过合作完成实际电子商务项目。这样的项目设计旨在为学生提供一个真实的国际化合作环境，使他们能够在跨文化团队中学到更多的知识和技能。

在跨文化团队项目中，学生将面临来自不同文化背景的团队成员，需要理解并尊重彼此的文化差异，有效沟通并达成共识。这种实践性的项目可以涵盖多个方面，包括市场研究、产品推广、国际销售等电子商务领域的实际问题。

通过这样的项目，学生将不仅提升电子商务专业知识，还能够锻炼团队协作和跨文化沟通的能力。解决项目中出现的挑战将促使学生更深入地思考和理解不同文化之间的差异，同时培养他们在国际商务环境中适应和融合的能力。

跨文化团队项目的设计旨在为学生提供一种全面的学习体验，使其在国际化背景下更好地适应未来的职业挑战。通过与来自不同国家的同学合作，学生将更好地理解全球电子商务市场的多样性，并培养出色的跨文化领导和合作技能，为未来职业生涯打下坚实基础。

第八章 电子商务实验课程评估

第一节 教学评估的意义与目标

一、评估在电子商务实验教学中的作用

电子商务实验教学的评估不仅是对学生学习成果的检验，更是对教学质量和方法的反馈。评估的主要作用包括：

（一）监控学生学习过程

1.学业进展的实时追踪

（1）定期小测验

在电子商务实验教学中，定期进行小测验是监控学生学业进展的重要手段。这些小测验可以涵盖实验内容的不同方面，包括理论知识、操作技能等。通过及时地测试，教师可以获取学生对于每个学习阶段的理解程度。

（2）任务完成情况考核

通过任务的布置和考核，教师能够实时了解学生在实验任务上的表现。任务可以包括实际操作、项目作业等。通过对学生完成情况的考核，教师可以发现学生在实际应用方面的能力和水平。

（3）实验报告评估

学生的实验报告是一种重要的学业成果展示，通过对实验报告的评估，教师可以看出学生对于实验内容的理解深度、分析能力及表达能力，为学业进展的监控提供了具体依据。

2.学习策略的优化

（1）学习方法指导

通过对学生学习策略的评估，教师可以为学生提供更加个性化的学习方法指导。对于那些学习策略不佳的学生，教师可以进行有针对性的辅导，帮助其调整学习方法，提高学习效果。

（2）反馈和建议

评估的结果应当伴随着及时的反馈和建议。教师可以根据学生的评估表现，给予针对性的建议，帮助学生优化学习策略，提高学习效率。这种个性化的指导有助于学生更好地

适应实验教学的需求。

（3）学业规划辅导

通过学业进展的监控，教师可以进行更加深入的学业规划辅导。了解学生的学科兴趣、擅长方向，教师可以为学生提供专业的学科发展建议，引导其选择更符合个人发展方向的学习路径。

（二）促进教学持续改进

1.教学方法的调整

（1）实时反馈的利用

通过评估学生对教学方法的反馈，教师可以及时了解哪些教学方法更受学生欢迎，哪些存在理解难度。基于这些反馈，教师可以灵活调整教学方法，采用更为贴近学生认知风格的方式，提高教学效果。

（2）个性化教学策略

评估还可以为个性化教学提供依据。教师可以根据学生的评估结果，发现不同学生在学科理解、实际操作等方面存在的差异，因而可以采用差异化教学策略，满足不同学生的学习需求。

（3）案例分析和实例引导

教师可以通过评估发现学生在某些实验环节或理论概念上的普遍困惑，为解决这一问题，可以引入案例分析和实例引导，通过实际案例的呈现，让学生更好地理解抽象概念和实践操作。

2.教材和资源的更新

（1）及时更新实验内容

通过学生的评估反馈，教师可以了解到哪些实验内容已经过时或不再符合行业发展趋势。在这种情况下，教师应当及时更新教材，确保学生学到的内容与实际应用保持一致。

（2）行业动态的整合

评估结果也可以指导教师更好地整合行业动态。通过引入最新的行业发展趋势、前沿技术和案例，教师可以使实验课程更具前瞻性，使学生能够更好地适应未来的行业变化。

（3）多媒体与在线资源的应用

根据学生的评估结果，教师可以更有针对性地选择并引入多媒体教学资源，包括视频、模拟软件等，提供更直观、生动的学习体验。此外，将实验资源在线化，方便学生随时随地获取，这也是促进教学持续改进的一项措施。

（三）激励学生积极参与

1.设立明确的评估目标

（1）任务目标的明确性

通过明确的实验任务目标，学生能够清晰了解实验教学的重点和期望达到的效果。例如，规定实验报告的具体要求，要求学生掌握特定的实验技能，以提高学生对实验内容的学习动力。

（2）目标与实际应用的连接

评估目标不仅仅要关注理论知识，还应与实际应用相连接。明确指出实验内容在电子商务领域的实际应用，可以激发学生对实验的浓厚兴趣，提高他们的学习积极性。

（3）评估目标的分阶段设定

将评估目标分阶段设定，根据实验教学进程逐步提高难度，这样的设置可以让学生逐步适应和提高，避免过高的起点对学生产生过大的学习压力。

2.奖励机制的建立

（1）个体奖励机制

对个体的表现进行奖励，例如在每个实验环节中评选出表现优异的学生，给予一定的奖励，如奖金、荣誉证书等，以激发学生在个人能力上的竞争和进步欲望。

（2）团队协作奖励

建立团队协作奖励机制，鼓励团队成员共同合作完成实验任务。这种奖励可以是团队奖金、集体荣誉等，促使学生更好地展现协作精神，从而带动整个团队的积极性。

（3）实践机会的提供

奖励不仅仅局限于物质性的奖励，还可以提供实践机会。优秀的学生可以获得参与实际项目、实习机会等奖励，使学生在实践中得到更为广泛的锻炼和经验积累。

二、设定评估目标与标准

（一）明确学科知识目标

1.概念与原理的深入理解

首先，电子商务实验课程的首要目标是确保学生对电子商务的概念有深入而全面的理解。电子商务不仅仅是在线购物，更是一种基于互联网的商业活动形式。学生需要理解电子商务的广泛定义，包括在线交易、电子支付、供应链管理、电子营销等多个方面。通过案例分析，教师可以引导学生探讨电子商务的不同形式，帮助他们建立对电子商务全貌的认知。

其次，深入了解电子商务不仅需要理解其概念，还需要掌握相关的关键技术和工作原理。学生需要对电子商务平台的搭建、数据库管理、网络安全等技术方面有一定的了解。通过实际操作，学生可以亲身体验关键技术的运作，巩固理论知识。教师在课堂中可以通过演示和实验室操作，帮助学生更深层次地理解这些关键技术的应用。

再次，电子商务领域发展迅猛，市场趋势日新月异。学生需要通过深入分析电子商务的市场趋势，了解最新的发展动态。教师可以引导学生关注电子商务领域的热点问题，例如社交电商、物联网在电商中的应用等。通过研究案例，学生能够更好地把握电子商务未来的发展方向，培养他们对行业变化的敏感性。

最后，实际操作是巩固概念与原理的关键步骤。学生需要将在课堂上学到的概念和原理应用到实际的电子商务操作中。通过模拟项目，学生可以运用所学知识搭建电商平台、设计营销策略、进行数据分析等。实践操作不仅巩固了他们的理论基础，还培养了其解决实际问题的能力。

电子商务实验课程通过这样一套深入理解电子商务概念与原理的教学方法，可以使学生在概念层面和实际操作中都达到更高水平的理解和应用。这种教学方式有助于学生建立起对电子商务领域全面而深刻的认识。

2.技术与应用的掌握

在电子商务实验课程中，学生首先需要深入了解电子商务平台的搭建原理。课堂教学可以介绍不同电商平台的架构，数据库设计，以及前后端交互机制。通过理论学习，学生能够建立对电商平台搭建的整体认知，通过实际操作，例如使用流行的电商搭建工具，学生能够亲身体验平台搭建的过程，熟练掌握相关工具的使用。

其次，电商领域离不开安全而高效的在线支付系统。学生需要深入理解不同支付方式的工作原理，包括信用卡支付、数字货币支付等。实验课程可以设计支付系统的模拟项目，让学生通过实际操作，学会配置、测试支付系统，确保其安全性和稳定性。这种理论与实际相结合的教学方法有助于学生全面了解和熟练掌握在线支付系统的运作机制。

再次，电子商务中的数据分析对于业务决策至关重要。学生需要学会使用数据分析工具，如 Google Analytics、百度统计等，对电商数据进行分析和解读。在课程中，教师可以设计案例让学生通过实际数据分析项目，学会提取有用信息、制定数据驱动的策略。通过这种方式，学生既能理解数据分析的理论，又能熟练运用相关工具进行实践。

综合来看，评估目标是确保学生能够熟练运用电子商务相关技术完成实际任务。这包括平台搭建、在线支付系统的运作、数据分析工具的使用等方面。通过课程设计，学生能够逐步掌握这些关键技能，为将来实际工作中的电商操作奠定坚实基础。教学中的理论与实践相结合，可以帮助学生更深层次地理解技术原理，并培养他们在实际工作中灵活运用的能力。

（二）设定综合能力目标

1.团队协作能力的培养

在电子商务实验中，首先，学生要培养团队意识。通过教学引导，学生需要理解团队合作的重要性，并形成对共同目标的共识。这可以通过团队项目的设立、目标的明确及每位成员在团队中扮演的不同角色的介绍来实现。在这个阶段，学生需要学会倾听他人意见、协商目标，从而形成团队共同的奋斗目标。

其次，团队协作的基础是有效沟通。在电子商务实验中，学生需要逐步培养与团队成员沟通的能力，这包括书面和口头沟通。通过分配团队任务，学生需要制订沟通计划，明确信息传递的方式和频率，确保团队的信息流通畅。教学中也可以引导学生使用专业的沟通工具，如团队协作平台，提高团队成员之间的实时协同能力。

再次，电子商务实验通常涉及多个方面的工作，如平台搭建、市场分析、营销策略等。学生需要通过任务分配来培养分工合作的能力。这可以通过设立不同的团队岗位，每个成员负责特定的任务，从而提高团队整体效率。在这个过程中，教学需要引导学生合理分析每个成员的特长，将任务分派给最适合的人，实现任务的最佳完成效果。

最后，电子商务实验中难免会遇到各种问题和挑战，培养学生解决问题的团队协作精神至关重要。通过引导学生共同面对挑战、讨论解决方案、共同努力克服问题，培养学生团队协作的坚韧性。教学中可以设置模拟实际情境，让学生在压力下进行合作，锻炼团队成员的问题解决能力。

2.问题解决与创新思维

在电子商务领域，面对不断变化和复杂性的挑战，培养学生具备解决问题和创新思维的能力显得尤为重要。评估学生的目标不仅包括他们在实践中对问题进行深刻分析和解决的能力，还应注重他们在模拟实验中提出创新性解决方案的潜力。

首先，评估学生的问题解决能力需要关注他们对电子商务实际案例的深度分析。通过分析学生在解决真实挑战时所采用的方法、逻辑和判断，教师能够了解学生对问题的敏感度和独立思考的能力。这可以通过案例研究、小组讨论和个人报告等方式进行评估。

其次，创新思维的培养是电子商务实验教学中的关键目标。学生需要在模拟实验中展现出对问题的独到见解和富有创意的解决方案。评估学生的创新思维可以通过对他们在团队项目中提出的新颖理念、对市场变化的敏感度及在模拟公司运营中的创意举措进行全面考查。

在评估中，教师可以通过学生的项目报告、口头展示及实际运作过程中的表现来综合考量他们的问题解决和创新思维能力。关注学生是否能够灵活运用所学知识，勇于面对复杂情境，并提出符合实际需求的创新性解决方案。通过这样的评估，学生将更好地适应电子商务领域的挑战，不仅能够解决问题，还能够为行业的发展带来新的动力。

（三）明确评估标准

1.知识准确性

学科知识目标中的重要一环是对电子商务概念、原理和技术的准确理解。评估学生的知识准确性是确保他们能够建立牢固学科基础的关键步骤。为了实现这一目标，我们采用了多种考核方式。

首先，定期的理论考试是一种常见的评估方法。设置针对电子商务领域的理论知识考题，可以全面而系统地检验学生对概念、原理和技术的理解深度。这种考核方式有助于确保学生在理论层面具备扎实的基础，能够准确把握电子商务的核心概念。

其次，课堂参与度也是评估知识准确性的有效手段。学生在课堂上积极参与讨论、回答问题，不仅可以增进对知识点的理解，也展现了他们对学科内容的关注和掌握程度。教师通过对学生课堂表现的观察和评估，能够更全面地了解学生对电子商务知识的准确掌握情况。

知识准确性的评估是通过多样化的方式进行的，它可以确保学生对电子商务领域的学科知识掌握得更为牢固。这种全面性的评估方法有助于建立一个既科学又全面的学科知识评价体系，为学生提供深刻而准确的学科理解。

2.实际操作熟练程度

在达成技术与应用目标的过程中，对学生在实际操作中的熟练程度进行准确评估至关重要。为此，我们采用了多种有效的评估方式，以确保学生能够在电子商务领域的实际应用中展现出高水平的熟练度。

首先，模拟实验是一种关键的评估手段。通过为学生提供真实场景的模拟实验，教师能够评估他们在电子商务平台搭建、在线支付系统运作、数据分析工具使用等方面的实际操作能力。这种模拟实验不仅能够考查学生对技术细节的理解，还能够全面地评估其在实践中的应变能力。

其次，项目展示也是评估实际操作熟练程度的重要途径。通过要求学生展示他们在模拟项目中的具体操作过程和实际成果，教师可以更直观地了解学生在电子商务实际操作中的表现。这有助于确保学生在应用电子商务技术方面具备充分的实际经验。

通过模拟实验和项目展示等方式对学生的实际操作熟练程度进行评估，教师能够更全面、客观地了解他们在电子商务领域技术与应用方面的能力水平。这样的评估方法不仅确保了学生对实际操作的深入理解，也为他们未来在职业领域中的实际应用打下了坚实的基础。

3.团队合作的贡献

为了确保学生在团队协作能力目标的达成过程中能够发挥积极的作用，我们采用了多元化的评估标准，全面衡量学生在团队中的贡献。

首先，我们注重学生在团队中的有效沟通。通过观察学生在小组讨论、项目计划和执行阶段的沟通表现，我们评估他们是否能够清晰地表达自己的观点，倾听他人意见，并在团队中建立良好的沟通氛围。这有助于判断学生是否能够充分参与团队合作，为集体目标提供积极建议。

其次，协助团队完成任务是评估的另一重要方面。我们关注学生在团队中是否能够承担分配的任务，按时完成工作，并确保团队整体进展顺利。通过考查学生的责任心和执行力，我们能够判断他们在团队协作中的积极性和实际贡献度。

此外，解决团队内部冲突也是评估的一个重点。团队中难免会出现不同意见或观点的冲突，学生在解决这些冲突的过程中展现出的沟通能力、妥协能力和问题解决能力都是我们关注的焦点。通过评估学生在团队协作中处理冲突的方式，我们可以了解他们在复杂情境下的团队协作技能。

通过有效沟通、协助团队完成任务和解决团队内部冲突等多方面评估，我们能够全面了解学生在团队协作中的表现，确保他们在团队合作中不仅仅是参与者，更是有益的贡献者。这种评估方式有助于培养学生在未来职业生涯中成功应对团队合作挑战的能力。

4.问题解决与创新思维能力

为了全面评估学生的问题解决和创新思维能力，我们采用了多层次、多角度的评估标准，旨在深入挖掘学生在实际问题应对和创新方面的潜力。

首先，我们注重学生在项目报告中对问题的深刻分析和解决方案的提出。通过项目报告，我们评估学生是否能够准确识别项目中遇到的问题，分析问题的根本原因，并提出切实可行、富有创新性的解决方案。这有助于衡量学生在实际问题解决过程中的分析和提案能力。

其次，我们关注学生对创新思维的运用。通过解决方案提案或创意设计，我们评估学生是否能够在实践中展现出独立的创新思考。这可能包括对业务流程的改进、新产品的设计、市场推广策略的创新等方面，以此来考查学生在电子商务领域创新的潜力。

此外，我们会考查学生在团队讨论中的问题解决和创新思维表现。通过观察学生在小组讨论中的参与度、对团队成员提出的问题的回应及对新思路的接受程度，我们能够更全面地了解学生在协作环境中的问题解决和创新能力。

通过项目报告、解决方案提案及团队讨论等方式的多层次评估，我们能够全面把握学生在问题解决和创新思维方面的表现。这有助于学生在未来职业中面对复杂问题时能够灵活运用创新思维，提出独特而有效的解决方案。

第二节　学生绩效评估方法

一、期中与期末考核方式

（一）知识测试

在电子商务实验课程中，我们通过多样化的知识测试方法来全面评估学生对理论知识的掌握情况，旨在促进学生对课程内容的深入理解和实际应用能力的培养。

1.定期考核

（1）课堂小测

定期进行的课堂小测旨在检验学生对基本概念、技术和应用的学习情况。这些小测可以通过简答题、选择题等形式设计，覆盖最近学习的内容，以促使学生保持对课程的持续关注。

（2）在线测验

利用在线平台进行的测验形式也是定期考核的一种方式。通过这种方式，学生能够在灵活的时间内完成测试，同时教师可以更好地监控学生的学习进度，及时发现问题。

2.综合知识考核

（1）期中与期末考试

在课程的中后期，我们进行期中和期末的综合性知识考核。这些考核不仅覆盖最近学习的内容，还需要学生运用所学知识解决实际问题。考试形式包括选择题、解答题等，以确保考核的全面性和客观性。

（2）开卷考试

部分知识测试采取开卷形式，强调学生对电子商务实际应用的理解。在开卷考试中，学生有机会查阅资料，注重的是他们对实际问题的分析和解决能力，而非仅仅是记忆理论知识。

（二）实际操作考核

1.模拟实验项目

（1）设定实验目标

在电子商务实验课程中，模拟实验项目的设定旨在让学生应用所学知识解决真实问题。我们首先明确定义实验目标，可能包括搭建一个完整的电子商务平台、设计并执行一项推广计划等。这确保实验项目的具体性和综合性，涵盖了电子商务领域的多个方面。

（2）实践技能的培养

通过模拟实验项目，学生将有机会应用在课堂上学到的理论知识。例如，在搭建电子商务平台的任务中，学生需要运用数据库管理、网络技术等相关知识。这样的实践任务不仅考验学生的综合运用能力，还促进了他们的实际操作技能的培养。

（3）强调实际问题解决的能力

实际操作考核的关键是考查学生解决实际问题的能力。模拟实验项目设计时，我们会有意引入一些可能遇到的挑战，例如技术难题、市场变化等，以检验学生在面对未知情境时的应变和解决问题的能力。这有助于培养学生在实际电子商务环境中的应变能力。

2.项目报告与演示

（1）系统总结实验过程

完成实际操作后，学生需要撰写详细的项目报告。报告内容应系统总结整个实验过程，包括实际操作步骤、所面临的挑战、解决问题的方法等。这要求学生对实验过程进行深度思考和总结，巩固他们在实际操作中获取的知识和经验。

（2）现场演示的重要性

项目报告提交后，学生需要进行现场演示。演示阶段要求学生能够生动地呈现他们的实际操作过程，强调解决问题的思路和方法。这不仅能够直观地展示学生的实际操作技能，还提供了一个交流和学习的平台，促使同学们在实践经验中互相启发和学习。

（3）检验理解和分析能力

演示过程中，学生需回答评委的问题，展示他们对整个实验过程的理解和分析。这个环节旨在考查学生对电子商务领域实际问题的深层次认识，以及他们在解决问题时的逻辑和思考方式。

3.团队合作评估

（1）学生团队协作能力的重要性

电子商务实践通常需要团队协作，因此团队合作评估成为实际操作考核的重要组成部分。在模拟实验项目中，学生需要分工合作，共同完成实际任务。通过团队协作，我们旨在培养学生在协作中发挥个人优势，提高整个团队的效率。

（2）评估内容

团队合作评估的内容包括但不限于沟通能力、任务分工、协作效率等方面。学生需要互相评价团队成员在整个实验项目中的贡献和表现。这有助于培养学生在团队环境中的协同工作和领导才能，同时提高团队的整体绩效。

（3）综合个人与团队表现

综合个人与团队表现的评估，不仅能够客观评价学生个体在团队中的作用，还能够检验他们在协作中的团队精神。这种评估方式有助于培养学生在未来职业中更好地适应团队合作的需求。

二、项目作业与实践表现的评估

（一）项目作业

1.深度思考与实际操作结合

（1）项目设计的理论基础

在项目作业的设计中，我们注重让学生进行深度思考，并将所学的理论知识有机地结合到实际操作中。一个典型的项目可以涉及市场调研、商业计划撰写等方面，要求学生通过理论学习，深刻理解电子商务的相关概念，并能够将这些理论知识有针对性地应用到实际项目中。

（2）理论与实践的紧密关联

在项目设计中，我们强调理论与实践的紧密关联。学生不仅需要在项目中运用所学的理论知识，还需要通过深度思考，对项目中的各个环节进行合理规划和设计。这样的设计不仅能够促使学生思考问题的深度，还能够培养他们将理论知识转化为实际操作能力。

2.实际项目关联

（1）项目的实际业务挑战

项目作业设计必须直接关联到实际的电子商务项目，确保学生在完成作业的过程中直面真实的业务挑战。这种直接关联有助于提高学生对实际业务问题的敏感度，使他们更好地理解并应对真实业务中的复杂性和变化。

（2）适应能力的培养

通过与实际项目的关联，我们旨在培养学生对真实商业环境的适应能力。项目作业设计的场景应当模拟真实电子商务项目中可能遇到的情境，让学生在解决问题的过程中感受商业运作的复杂性，从而更好地为未来职业生涯做好准备。

3.团队协作与创新评估

（1）小组形式完成项目

在项目作业中，我们强调团队协作和创新能力的评估。学生被要求以小组形式完成项目，这有助于考查他们在团队协作中的表现，包括角色分工、沟通效果等方面。

（2）创新思维的培养

评估中将着重考查学生是否在项目中展现出创新思维。这可能表现在提出独特的解决方案、创意的商业策略等方面。通过注重创新能力的培养，我们旨在培养学生在未知和变化中能够灵活应对的能力。

（3）综合个人与团队表现

团队协作与创新评估将综合考查学生在个人层面和团队层面的表现。这样的评估方式有助于培养学生在未来职业生涯中更好地适应团队合作的需求，同时在团队中发挥领导作用。

（二）实践表现评估

1.模拟实验观察

（1）观察指标的设定

在模拟实验中，我们通过设定明确的观察指标来评估学生的表现。这些指标包括操作流程的熟练程度、对新情境的适应能力等。例如，观察学生是否能够迅速而准确地完成电子商务平台的搭建，是否能够灵活运用各类工具进行模拟业务操作。

（2）实时反馈与记录

观察将以实时反馈和记录的形式进行，确保教师对学生的表现有全面、准确的了解。这种及时的反馈有助于学生更好地理解自己在实践中的表现，同时为教师提供指导学生改进的机会。

2.实际动手能力

（1）操作电子商务平台

评估学生在电子商务实验中的实际动手能力时，重点考查其对电子商务平台的熟练操作。这可能包括搭建平台、进行商品管理、分析数据等方面。通过这一评估，我们能够确保学生具备在真实电子商务环境中胜任相关工作所需的实际技能。

（2）数据分析与工具应用

学生在实际操作中的数据分析能力也是评估的重要方面。我们将关注学生是否能够运用相关工具进行数据分析，包括但不限于销售数据的解读、市场趋势的分析等。这有助于确保学生能够在电子商务领域运用实际工具解决复杂问题。

3.团队协作与问题解决

（1）团队协作能力

评估学生在团队协作中的表现，关注团队协作能力的培养。这可能包括学生在团队中的角色分工、沟通效果、对其他团队成员的支持等方面。团队协作是电子商务实践中不可或缺的一部分，通过这一评估，我们能够培养学生在团队环境中协同工作的能力。

（2）问题解决与创新

在实际操作中，我们将注重学生解决实际问题的能力。这包括对模拟业务中遇到的挑战的应对策略、创新思维的表现等方面。通过这一评估，我们旨在培养学生在面对未知和变化时提出创新性解决方案的能力。

4.实践表现评估的综合考量

综合考量学生在电子商务实践中的表现是实践性教学的关键环节。

首先，模拟实验成为一个重要的评估维度。在这一层面，学生不仅仅是被动地接受理论知识，更是被引导参与到真实的业务场景中。通过观察学生在模拟实验中的表现，我们可以首先评估他们对实际操作的适应能力和熟练程度。这种实时的观察反馈不仅提供了学生在模拟实验过程中的表现数据，而且也为教师提供了指导学生改进的机会。

其次，实际动手能力的评估是综合考量中的重要一环。电子商务实践要求学生具备操作电子商务平台和应用相关工具进行数据分析的实际技能。通过对学生在实际操作中的动手能力的评估，我们可以确保他们能够在真实的电子商务环境中胜任相关的工作。这有助于学生将所学知识转化为实际能力，增强其在职业领域中的竞争力。

再次，团队协作与问题解决的维度是实践表现评估中不可或缺的一部分。电子商务实践通常需要学生在团队中合作，共同解决实际问题。团队协作能力的评估包括学生在团队中的角色分工、沟通效果等方面的表现。此外，对学生在解决实际问题时的协同工作进行考查，有助于了解其在复杂情境下解决问题的能力。通过这方面的综合评估，我们旨在培养学生在团队环境中协同工作和解决问题的综合能力。

最后，实践表现评估的全面性考量有助于提供更准确的学生综合实际能力的画像。这种综合性的评估不仅仅是对单一能力的检验，还是在多个方面全面考量学生的实际表现。通过这样的评估方式，我们为学生在未来的职业领域的发展提供了更有力的支持。这种综合性评估有助于学生更全面地理解和应对真实商业环境中的挑战，提高他们在职业领域的适应性和竞争力。

第三节　教师教学绩效的评估

一、教学效果评估的指标体系

（一）学科知识传授

1. 知识测试成绩

（1）定期考核的重要性

知识测试成绩作为评估学科知识传授效果的重要指标，主要通过定期的考核来实现。教师可以设置期中和期末考核，以及一些小测验，以全面了解学生对学科知识的掌握情况。这种定期考核不仅有助于检验学生对知识的记忆，还能够评估他们对知识的深度理解和应用水平。

（2）考核设计的合理性

教师在设计考题时应确保考核内容既覆盖了课程中的重要知识点，又能够激发学生思考，测试其对知识的理解程度。合理设计的考核内容能够全面地反映学生在学科知识传授方面的学习成果，为教学质量的提升提供有效的反馈。

（3）结果分析与个性化辅导

通过分析学生的知识测试成绩，教师可以识别出整体教学效果和学生个体的学科知识差异。对于学科知识掌握较差的学生，教师可以有针对性地进行个性化辅导，帮助他们弥补知识漏洞，提升学科素养。

2.作业和项目成果

（1）书面作业的评估

学生的书面作业是了解其学科知识传授效果的重要途径。通过对作业的评估，教师可以判断学生对知识的理解深度和应用能力。作业不仅仅是对知识点的简单搬运，更要求学生能够运用知识解决实际问题，反映在作业成果中。

（2）项目实施的观察

在一些实践性较强的学科中，项目实施是知识传授的重要环节。通过观察学生在项目中的表现，包括团队协作、解决实际问题的能力等，教师能够更全面地评估学科知识的传授效果。项目实施考核有助于培养学生的实际操作能力和创新思维。

（3）反馈与指导

在评估作业和项目成果时，教师应及时给予学生详细的反馈。通过指导性的反馈，学生能够了解自己的不足之处，并有机会改进。教师还可以在反馈中针对性地提出一些建议，引导学生更深入地思考和学习。

3.课堂参与度

（1）积极参与的重要性

学生在课堂上的积极参与度直接关系到他们对知识的关注程度。教师应通过观察学生是否主动提问、回答问题及参与讨论等方式，评估学科知识传授中学生的投入程度。

（2）互动性的教学手段

为提高学生的课堂参与度，教师可以采用一些互动性的教学手段，例如提问环节、小组讨论等。这有助于激发学生的兴趣，促使他们更积极地参与学科知识的交流和讨论。

（3）学生需求的关注

观察学生的课堂参与度也是了解他们知识需求的有效途径。通过学生的提问和参与，教师能够及时了解到学生在知识传授中的疑惑和困惑，有助于调整教学策略，满足学生的学习需求。

（二）实践操作引导

1.实际操作成果

（1）模拟实验观察

在模拟实验中，观察学生的实际操作成果是评估教师实践操作引导效果的重要手段。通过仔细观察学生在实验中的步骤是否熟练、操作是否准确，可以直观地了解学生对理论知识在实际操作中的应用情况。教师可以通过这一环节了解学生的实际操作技能水平，为后续教学提供针对性的指导。

（2）项目作业评估

项目作业涉及学生对电子商务实践任务的完成，也是实际操作成果的一种体现。通过详细评估学生完成的项目作业，教师可以了解学生是否能够将理论知识转化为实际操作，解决实际问题的能力如何。项目作业评估旨在全面了解学生在真实商业场景中的实际应用水平，是实践操作引导效果的直接体现。

（3）成果展示和总结

在实际操作结束后，学生需要进行成果展示和总结。教师可以通过学生的展示了解他们在实际操作中的表现，包括解决问题的思路、实现的创新点等。这一环节的观察有助于评估学生对整个实践过程的理解程度和实际操作的质量。

2.反馈与问题解决

（1）实时反馈机制

在实践操作中，建立实时的反馈机制对于学生的学习至关重要。观察学生是否能够及时反馈实际操作中遇到的问题，以及教师是否能够迅速给予指导和帮助，是评估实践操作引导效果的一个重要方面。实时反馈有助于学生及时纠正错误，提高实际操作的质量。

（2）问题解决能力考察

学生在实际操作中是否能够独立或团队协作解决问题，是评估实践操作引导效果的重要指标。教师可以通过观察学生在面对实际挑战时的反应，了解他们的问题解决思路和能力。这一方面评估了学生的实际操作技能，另一方面也体现了实践操作引导的实际效果。

（3）问题分析和改进

教师在考查学生的问题解决能力的同时，还应该对教学过程中出现的问题进行分析，通过总结教学经验，找出可能存在的问题并提出改进措施，以不断提高实践操作引导的效果。这种反思和改进是实践操作引导工作的持续优化的关键。

3.学生满意度

（1）反馈和评价收集

通过收集学生的反馈和评价，了解他们对实践操作引导的满意度。学生的主观感受能够为教师提供一个直观的指导方向，了解哪些方面需要改进，哪些方面得到了肯定。

（2）调查问卷设计

设计专门的调查问卷，收集学生对实际操作引导的评价。问卷可以包括教学方法、实验设计、操作引导等多个方面的评价项，以全面了解学生的满意度。问卷设计要考虑问题具体、明了，以确保学生能够提供具体、有建设性的意见。

（3）满意度分析与改进

通过对学生满意度的分析，教师可以找出优点和不足之处，并有针对性地提出改进措施。满意度的提高不仅关系到学生的学习体验，也是教学质量不断提升的重要动力。

二、学生评价与同行评估

（一）学生评价

1.匿名评价机制

（1）引入学生匿名评价

在电子商务教学中，引入匿名评价机制是了解学生对教学看法的重要途径。通过定期的匿名评价调查，学生可以对教师的授课风格、教学方法及课程内容提供真实、坦诚的反馈意见。匿名评价能够减轻学生的担忧，使其更愿意分享对教学的看法，为教师提供宝贵的参考意见。

（2）增进教师学生沟通

匿名评价机制有助于增进教师与学生之间的沟通。学生可以在评价中提出对教学的期望、建议和不满意之处，而教师可以通过评价了解学生对教学的真实感受，建立更加良好的教学互动关系。

（3）提升教学质量

通过匿名评价，教师能够及时获取学生的反馈信息，发现教学中的问题，并在下一次教学中进行调整和改进。这有助于提升教学质量，使教学更贴近学生的需求，增强学生的学科学习体验。

2.建议和改进反馈

（1）收集学生建议

学生评价不仅关注教学的优势，更侧重了解教学的不足之处。通过鼓励学生提供建议和改进反馈，教师可以获得学生对教学的更具体、更实质性的期望。这种反馈有助于教师更加深入地了解学生的需求，有针对性地进行调整。

（2）及时调整教学方法

教师根据学生的建议和改进反馈，及时调整教学方法。这可能包括改进教材、调整授课方式、增加实践环节等。通过积极采纳学生的建议，教师能够更好地满足学生的学习需求，提高教学的实效性和实用性。

（3）提高学生满意度

通过建议和改进反馈，教师能够逐步改进教学，提高学生满意度。学生感受到自己的建议得到认真对待，会增强对教学的信任和满意度，形成良好的教学氛围。

3.学科竞赛反馈

（1）考核实际应用能力

学科竞赛反馈不仅关注学生的理论知识水平，更注重学生在实际应用中的表现。竞赛成绩能够直观地反映学生在电子商务领域实际操作和解决问题的能力，为评估教学效果提供实际案例支持。

（2）强调实际价值

学科竞赛反馈凸显了教学成果的实际价值。学生在竞赛中取得的成绩和经验直接关联到实际应用中，为学生提供了实际操作的机会，同时也展示了教学成果在实践中的有效性。

（3）激发学科学习兴趣

通过学科竞赛反馈，教师能够激发学生对电子商务学科的学习兴趣。学生在竞赛中获得成就感和实际应用经验，更有可能对电子商务领域产生浓厚兴趣，为未来深入专业领域奠定基础。

（二）同行评估

1. 专业教师观摩

（1）课程观摩活动

专业教师观摩活动是通过邀请其他电子商务领域的专业教师参与教学过程，进行实地观摩和评估。这种形式能够为教师提供更直观的反馈，同行专业意见的提供有助于深度了解教学的亮点和改进空间。

（2）专业意见的价值

同行专业意见能够帮助教师发现其在教学设计、实施方法、案例运用等方面的不足之处。通过同行专业观摩，教师可以获取来自专业领域的更深层次的建议，提高自身教学水平，促使课程更好地符合电子商务领域的专业要求。

（3）专业教师合作

通过专业教师观摩，我们还可以建立跨校、跨机构的合作关系，不仅可以促进教学水平的共同提高，还有利于资源共享，推动电子商务领域教学的整体提升。

2. 同行评审机制

（1）评审流程与标准

同行评审机制需要建立明确的评审流程和标准。在课程设计、教学方法、学科覆盖等方面设定评审指标，确保评审的客观性和公正性。这有助于形成科学的评价体系，推动电子商务教学的规范发展。

（2）评审小组组建

建立同行评审小组，组建具有一定专业背景和丰富教学经验的评审专家。评审小组成员应涵盖电子商务不同领域，确保对于多样性教学需求的覆盖。

（3）深度评估与建议

同行评审不仅要关注教学的表面现象，更要进行深度评估。评审专家可以提供具体的改进建议，帮助教师优化课程设计、提升教学方法，以适应电子商务领域快速发展的特点。

3. 交流与合作

（1）定期研讨会

建立定期的研讨会机制，同行教师进行更深入的交流与合作。这样的交流平台既可以分享成功的教学经验，也可以共同讨论解决教学中的难题，形成共建共享的教学氛围。

（2）项目合作与研究

同行之间可以通过合作项目和研究活动，共同推动电子商务领域的教学创新。例如，共同设计实践项目、撰写教材或参与行业调研，促使教学更紧密地与实际应用相结合。

（3）提升整体教学水平

同行之间的交流与合作，不仅可以提升个体教师的教学水平，还能够形成良性的教学发展循环，推动整个电子商务领域的教学水平不断提高。

（三）教学反馈

1.定期调查与讨论

（1）问卷调查设计

定期进行问卷调查是获取学生反馈的重要方式。教师应设计问卷，涵盖课程设置、教学方法、教材使用、实践项目等方面的内容。问卷设计要具体明确，旨在全面了解学生对教学的感受。

（2）小组讨论组织

除了问卷调查，小组讨论也是一个有益的反馈渠道。通过小组形式，学生可以更直接地表达他们的看法和建议。教师可以组织小组讨论，聚焦在课程的某个方面，收集更深层次的意见。

（3）主动沟通与学生互动

教师应该主动与学生沟通，鼓励他们提出问题、反馈和建议。这种即时的、双向的沟通有助于及时了解学生的需求，弥补问卷和小组讨论难以覆盖的个性化问题。

2.反馈实施效果

（1）教学调整和改进

教师在收集到学生反馈后，应及时进行教学调整和改进。可能的改进方向包括调整课程进度、优化教学方法、更新教材内容等，以提高教学的实效性。

（2）实施实验性教学

为了验证反馈的实施效果，教师可以引入实验性教学，在一定的教学实践中，观察学生的反应和学习效果，从而判断教学改进是否达到预期的效果。

（3）持续改进的教学循环

反馈实施效果不是一次性的任务，而是一个持续改进的教学循环过程。教师需要在每个学期或每次课程结束后总结反馈效果，不断优化教学设计和实施，形成不断完善的教学循环。

参考文献

[1] 丰久宽. 实验教学改革的研究与实践：以经管类学科为例 [J]. 创新创业理论研究与实践，2020，3（4）：40—41.

[2] 鲁明波，刘亚丰，杨英，等. 大学生创新能力培养与实验教学模式改革实践 [J]. 教育教学论坛，2020（7）：100—102.

[3] 戴晓琴. 开放性实验教学现状与探索 [J]. 教育教学论坛，2019（5）：265—266.

[4] 殷树娟. 面向应用型人才的开放性实验教学的改革与探索 [J]. 实验技术与管理，2013，30（8）：145—147.

[5] 雷西萍，袁蝴蝶，姚燕燕，等. 材料类专业开放性实验项目探索与完善：以西安建筑科技大学为例 [J]. 新西部，2019（30）：45—46.

[6] 张华. 校企双元视域下高职电商专业"岗课证赛"人才培养路径研究 [J]. 黑龙江教师发展学院学报，2022，41（3）：58—61.

[7] 云芳. 双循环新发展格局下的高职跨境电商人才培养探索 [J]. 教育与职业，2021（24）：107—112.

[8] 黄婷，吴威. 产教融合下"岗课证赛一体化"人才培养模式构建：以高职电商专业为例 [J]. 漳州职业技术学院学报，2020，22（3）：31—36.

[9] 石兴芬. "1+X"证书制度背景下电子商务专业课证融通教学改革探究：以社交电商运营职业技能等级证书为例 [J]. 山西青年，2022（23）：92—94.

[10] 郑辉英，吴小平，吕从钢. 职业院校1+X证书制度课证融通的探索与思考：以跨境电子商务专业为例 [J]. 职教论坛，2022，38（11）：74—82.

[11] 刘云祥 .1+X 证书制度下电子商务专业课程模块的重构 [J]. 闽西职业技术学院学报，2022，24（2）：83—88.

[12] 黄雨薇 .1+X 证书制度下的"课证赛"融通电商人才培养体系研究 [J]. 中外企业文化，2021（8）：73—74.

[13] 苏志立. "1+X"证书制度背景下广西中职电子商务专业人才培养模式优化研究 [D]. 桂林：广西师范大学，2020.

[14] 周莉. "1+X"证书制度试点下电子商务专业"课证融通"工作的思考 [J]. 投资与合作，2020（12）：155—156.

[15] 王多娜. "双平台"支撑下中职电子商务实训教学的创新实践 [J]. 天津职业院校联合学报，2020，22（08）：51—54.

[16] 卢美琴，洪菁. 电子商务创业实训课教学模式的探索 [J]. 宁德师范学院学报（自

然科学版），2012，24（03）：308—310.

[17] 韦峥宇.有效开展中职电子商务实训教学的四种策略[J].广西教育，2016（46）：50，54.

[18] 吴岚萍，叶雅雅，王卿潘.电子商务能力实训与学生创业就业的研究[J].湖北开放职业学院学报，2020，33（17）：7—8.

[19] 张涛.高职院校网络营销课程实训教学模块分析与设计[J].保定学院学报，2010，23（01）：110—112.

[20] 甘信丹.基于产教融合的中职电子商务实训课程教学效果探究[J].创新创业理论研究与实践，2019，2（06）：59—60.